Troyes
1869

Lalore, Charles

Cartulaire de l'abbaye de Boulancourt

de l'ancien diocèse de Troyes, aujourd'hui du département
de la Haute-Marne

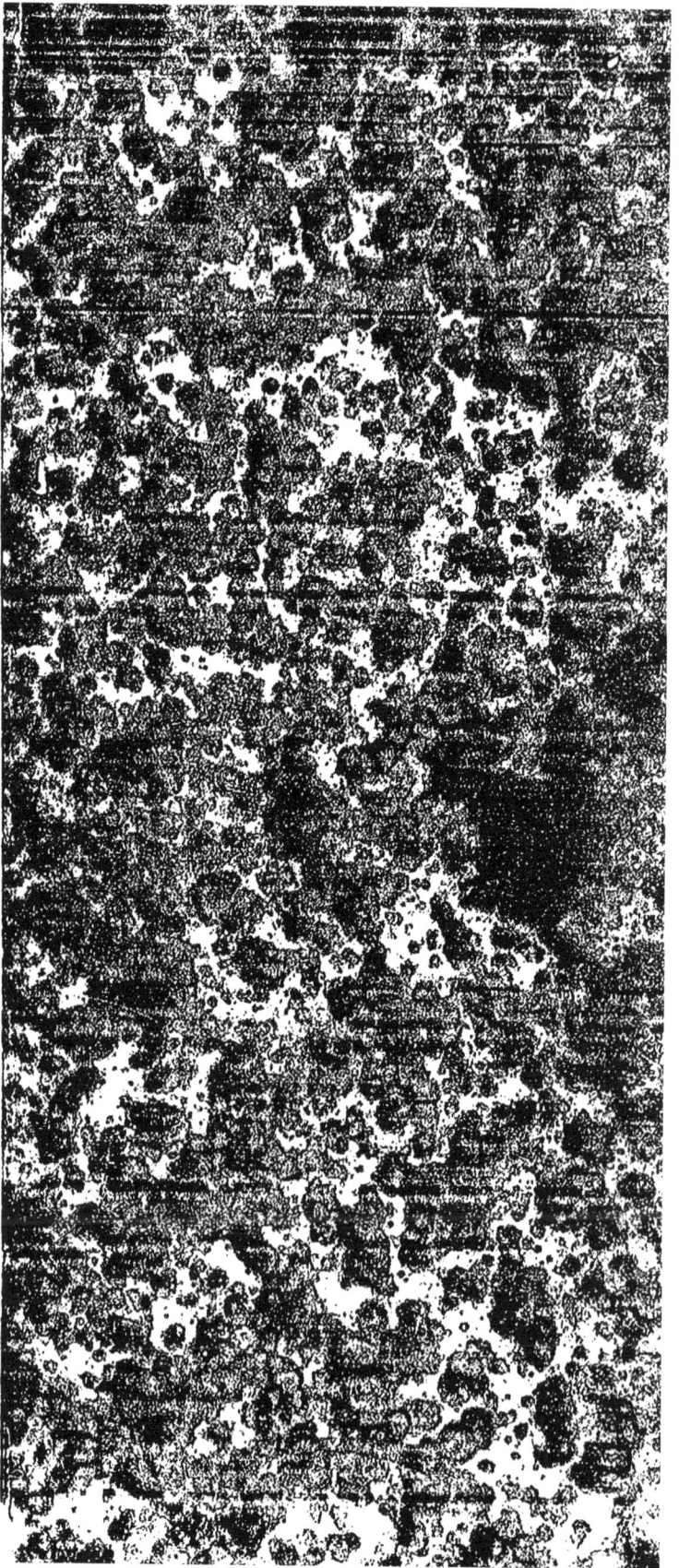

CARTULAIRE

DE

L'ABBAYE DE BOULANCOURT

DE L'ANCIEN DIOCÈSE DE TROYES

AUJOURD'HUI DU DÉPARTEMENT DE LA HAUTE-MARNE

PAR

M. L'ABBÉ CH. LALORE

Professeur de Théologie au Grand-Séminaire de Troyes

TROYES

IMPRIMERIE ET LITHOGRAPHIE DUFOUR-BOUQUOT
Rue Notre-Dame, 41 et 43

—

M DCCC LXIX

CARTULAIRE

DE

L'ABBAYE DE BOULANCOURT

CARTULAIRE

DE

L'ABBAYE DE BOULANCOURT

DE L'ANCIEN DIOCÈSE DE TROYES

AUJOURD'HUI DU DÉPARTEMENT DE LA HAUTE-MARNE

PAR

M. L'ABBÉ CH. LALORE

Professeur de Théologie au Grand-Séminaire de Troyes

———※◆◆◆◆※———

TROYES

IMPRIMERIE ET LITHOGRAPHIE DUFOUR-BOUQUOT

Rue Notre-Dame, 41 et 43

—

M DCCC LXIX

CARTULAIRE

DE

L'ABBAYE DE BOULANCOURT

DE L'ANCIEN DIOCÈSE DE TROYES

AUJOURD'HUI DU DÉPARTEMENT DE LA HAUTE-MARNE

AVANT-PROPOS

Le P. Remi de Buck, dans la collection des *Acta sanctorum* (t. XII, octobre, p. 397 et 926), révèle l'existence du *Cartulaire de Boulancourt* : si on l'en croyait, nous en serions le fortuné possesseur. Nous avons été heureux de communiquer pour les *Acta sanctorum* quelques documents extraits du *Cartulaire de Boulancourt* ; mais nous ne le possédons pas ; nous l'avions rencontré à Versailles, et il est maintenant en Auvergne, à Clermont, dans la bibliothèque des PP. capucins.

L'année dernière, nous avons compulsé avec grand soin ce précieux document; nous pouvons donc le faire connaître au public.

Notre travail comprendra trois parties : dans la première, nous ferons connaître le cartulaire en question ; dans la seconde, nous donnerons le sommaire concis des documents qu'il renferme, et enfin, dans la troisième, l'*Obituaire* de l'abbaye.

Troyes, le 19 février 1869.

PREMIÈRE PARTIE

—

LE CARTULAIRE

§ I. Ce qu'il est. — § II. Son importance. — § III. Ses sources. — § IV. Plan d'après lequel il a été rédigé. — § V. Son autorité. — § VI. Le fonds de Boulancourt aux archives de la Haute-Marne.

§ I.

Le nouveau *Cartulaire de Boulancourt*, in-folio, écrit en français, a été rédigé dans les derniers jours de l'abbaye, à la veille de la Révolution. Il est précédé d'une courte introduction historique sur l'abbaye, et de l'*Obituaire* que nous donnons à la fin de cette notice. Ce cartulaire renferme 1236 numéros indiquant autant de pièces, par ordre chronologique. Cependant, parce que plusieurs de ces pièces sont répétées, et qu'il y a de nombreuses lacunes et erreurs dans les numéros, il ne faut compter en réalité que 994 pièces, dont 137 appartiennent au XII° siècle, 294 au XIII°, 34 au XIV°, 37 au XV°, 280 au XVI°, 171 au XVII°, 41 au XVIII°. La plus ancienne pièce est de l'an 1120. C'est une charte de Philippe de Pont, évêque de Troyes, par laquelle il accorde à l'abbaye l'exemption des dîmes paroissiales dans tout le diocèse. La pièce la plus récente est du 29 novembre 1779. C'est un arrangement et bornage entre l'abbaye de Boulancourt et les prêtres du Grand-Séminaire de Troyes, au sujet du gagnage de la Rouge-Grange, à Pel-et-Der.

Nous ignorons quel âge avait le rédacteur du Cartulaire à cette date de 1779. Ce que nous savons, c'est qu'il étai

déjà à Boulancourt en 1736, puisqu'il dit dans l'*Introduction* avoir lu, cette année-là, les quatre vers rappelant la
donation de l'abbaye de Boulancourt, faite par Henri de Carinthie, évêque de Troyes, à Saint-Bernard en 1149 (1).
« Ces vers étaient encadrés proche le tombeau du saint
évêque. »

§ II.

Nous croyons qu'il est inutile de mettre en relief l'importance du cartulaire de Boulancourt. Quiconque a jeté un
simple coup-d'œil sur les prolégomènes et les préfaces de
la collection des Cartulaires de France, publiée dans les
Documents inédits sur l'histoire de France, a compris
quelle est l'importance du cartulaire d'une grande abbaye,
au point de vue de l'histoire ecclésiastique et civile, de la
succession des abbés et autres personnages, des généalogies des anciennes familles, des institutions sociales, du
droit, de la justice, des mœurs et des coutumes. Toutefois,
l'importance historique du cartulaire de Boulancourt se
restreint à l'ancienne Champagne, et particulièrement aux
départements actuels de l'Aube, de la Haute-Marne et de la
Marne, comme l'indique la position géographique de l'abbaye. Ajoutons que ce cartulaire intéresse plus spécialement
encore le département de l'Aube et le diocèse de Troyes,
parce que Boulancourt et ses plus importantes propriétés se
trouvaient dans les limites actuelles de notre département.

§ III.

Le rédacteur du nouveau cartulaire indique lui-même
les sources auxquelles il a puisé.

« Les archives de Boulancourt consistent en deux carta-
laires, l'un en latin, l'autre en français, et en beaucoup de

---

(1) Voir plus bas, page 115.

titres originaux assez bien conservés, la plupart munis de leurs sceaux.

» Le cartulaire latin, écrit à la fin du xiii° siècle, est la copie des originaux qui existent, et d'un bien plus grand nombre qui ont été perdus. Le dernier acte est de 1247. Il y en a cependant un de 1262. — Ce cartulaire est écrit sur parchemin, d'un caractère assez serré, sans aucun ordre, ni dans la chronologie, ni dans les articles ; plusieurs feuillets ont été arrachés. Il est long de six pouces, large de quatre et demi, épais d'un pouce, couvert en bois. Il se trouve beaucoup d'articles sur le même folio qui sont désignés par articles et par lettres. Ils ne se suivent nullement ni pour la date ni pour le lieu des propriétés.

» Le cartulaire français est une traduction du latin, peu postérieure, en français du temps. On avait écrit à la marge le folio, l'article et la lettre où les titres se trouvent dans le cartulaire latin. Mais presque tout a été coupé dans la reliure. Il est long de quatre pouces et demi, large de quatre, épais d'un pouce et demi ; d'un caractère moins serré, il est plus délabré que le latin ; il a été déchiré et coupé par des enfants à coups de canif ; il s'y trouve des feuillets coupés tout entièrement, d'autres à moitié..... Comme les pages ne se rencontrent pas avec le cartulaire latin, il est rare qu'on ne trouve pas sur le latin les articles qui manquent dans le français. »

Ces deux cartulaires sont très-bien décrits et spécifiés dans l'inventaire du 23 octobre 1615, à la requête de frère Guillaume le Maistre, procureur du collège des Bernardins, à Paris. Cet inventaire fut dressé à la mort de l'abbé Étienne de Vienne qui décéda à Paris, en sa maison (1).

Si nous regrettons vivement la perte du vieux cartulaire latin, nous ne sommes pas moins sensible à celle du cartulaire français ; une seule pièce de ce dernier a été dérobée

_____

(1) Cartulaire, n° 836.

à l'oubli des temps par nos historiens Camuzat et Desguerrois; encore Camuzat s'excuse-t-il, en donnant cette pièce
intéressante, de n'avoir pu trouver l'original latin.

§ IV.

Voici le plan suivi par le rédacteur du nouveau cartulaire de Boulancourt :

« J'ai fait la collection et la transcription de tous les actes
et papiers des archives dont je n'ai omis aucun, même de
certains qui sont inutiles.

» J'ai rapproché, autant qu'il m'a été possible, les actes
selon l'ordre chronologique. Comme il y a beaucoup d'actes
qui sont sans date, surtout dans le xiiᵉ siècle, je les ai no-
tés par deux barres ═══.

» Pour retrouver chaque acte du nouveau cartulaire, j'ai
indiqué, au commencement de chaque transcript, le folio,
l'article, la lettre et les premiers mots de l'acte, tel qu'il
se lit dans les vieux cartulaires, soit français, soit latin. J'ai
fait remarquer les actes qui se trouvent en double et à des
folios différents de ces mêmes cartulaires. J'ai aussi noté,
dans le nouveau cartulaire, en tête de chaque transcript, si
l'on trouve l'original, combien il y a de lignes et s'il y a un
scel. »

On trouve en marge l'objet sommaire de chaque pièce.
Le rédacteur a ajouté, à la fin du nouveau cartulaire, une
table des pièces, par ordre chronologique. De l'an 1120
à l'an 1247, cette table est à huit colonnes. La première
renferme la date de la pièce; la deuxième, le numéro d'ordre
(les erreurs de ces numéros, souvent fautifs, sont redressées
dans la 4ᵉ colonne); la troisième, le principal nom de lieu
relatif à l'objet de la charte; la quatrième, les numéros
d'ordre rectifiés et correspondant à la date chronologique

des pièces (1). Suivent trois autres colonnes renvoyant au folio, à l'article, à la lettre des anciens cartulaires latin et français, indiquant les numéros du dossier et de la layette où se trouve chaque pièce et aussi les pièces originales.

De l'an 1247 à l'an 1779, la table n'a plus que cinq colonnes, les quatre premières indiquées ci-dessus, et la cinquième mentionnant l'objet de la pièce.

§ V.

Le plan seul du cartulaire révèle un homme connaissant sa matière, et concilie une grande autorité à son œuvre. D'ailleurs il ne faut pas oublier qu'à partir du xive siècle, presque toutes les pièces sont en français dans les originaux ; conséquemment, il n'y a pas à craindre d'erreurs de traduction de la part du rédacteur. Quant à toutes les pièces antérieures au xive siècle, la traduction qu'il donne est-elle exacte, ou n'est-ce qu'une analyse plus ou moins complète ? Nous répondons que la traduction de ces pièces est littérale, comme nous avons pu le constater, en comparant avec un grand soin plus de quarante chartes de ce cartulaire avec les originaux conservés aux archives de la Haute-Marne. Un doute sérieux ne peut donc s'élever sur l'autorité du nouveau cartulaire français de Boulancourt.

§ VI.

Nous terminerons cette première partie de notre travail en disant un mot du fonds de Boulancourt, qui se trouve aux archives de la Haute-Marne, série H 3. D'après un inventaire fait il y a quelques années, « il n'a été trouvé dans les archives provenant de l'abbaye de Boulancourt aucun

---

(1) Il faut observer que cette colonne rectifiée renferme elle-même deux erreurs, après les nos 380 et 989.

registre ni cartulaire, ni même d'ancien inventaire. » Cependant de nombreux et précieux documents ont échappé à la dispersion et à la ruine, et parmi ces documents 361 pièces en parchemin. Parmi les chartes du xii° siècle bien conservées, mais presque toutes dépourvues de leurs sceaux, nous citerons une charte-partie de Gauthier de Bourgogne, évêque de Langres, relative à un accord entre Gauthier d'Orge et l'abbaye de Boulancourt. Les deux parties de cette double charte (ce qui est fort rare) ne sont pas séparées, et on lit en grosses lettres horizontalement, entre les deux parties de cette charte, le mot *Cyrographum*, destiné à servir de souche ou de talon à l'acte de ce contrat synallagmatique.

DEUXIÈME PARTIE

—

DOCUMENTS DU CARTULAIRE

Nous n'entreprendrons pas une étude approfondie du cartulaire de Boulancourt; nous nous contenterons d'indiquer là mine à exploiter, en traçant les lignes d'un travail qu'une main plus exercée pourra entreprendre et conduire à bonne fin.

CHAPITRE I".

L'Abbaye.

§ I. Nom de l'abbaye. — § II. Emplacement. — § III. Fondation. — § IV. Principaux fondateurs et bienfaiteurs de l'abbaye. — § V. Coup-d'œil historique.

§ I.

Quelle est l'origine du nom de Boulancourt ? Nous laissons aux habiles étymologistes le soin de l'expliquer ; cependant, pour leur faciliter le travail, nous rapporterons les plus anciennes variantes de ce nom, telle qu'on les trouve dans les chartes latines antérieures au XIII° siècle.

Boulancourt s'appelle : *Berlancurt* (1), *Burlancurt* (2),

(1, *Charta Hattonis, episcopi Trec.* 1128, Archiv. Haute-Marne, Boulancourt, origin. 3e liasse.

(2 Accord entre les abbayes de Boulancourt et de Montiérender, 1129, *ibid.,* origin. — *Charta Henrici, episcopi Trec.* 1167. Archiv. du cabinet de M. l'abbé Coffinet, origin. scellé.

Berlancort (1), *Burlencurt* (2), *Burleucort* (3), *Bullein-curt* (4), *Burleincurt* (5), *Burlencorth* (6), *Bullencort* (7), *Bullencurt* (8), *Burleincurth* (9), *Bullencort* (10), *Bor-lancort* (11). Dans le cours du xiii° siècle, lorsque la manie de latiniser et de défigurer les noms de pays nous envahit, Boulancourt s'appela *Bullencuria* et *Bullencur-tis* (12), puis *Boulencourt* jusqu'à la fin du xviii° siècle.

§ II.

L'abbaye de Boulancourt était située sur la paroisse ancienne et actuelle de Longeville, aux confins du territoire de Valentigny. Une charte de Henri, seigneur d'Arzillières et de Beaufort (Montmorency), en date du 4 mai 1200, nous donne les anciennes limites de l'abbaye au xii° siècle. Henri, du consentement d'Agnès, son épouse, et de Guillaume, son fils, abandonne toutes les prétentions qu'il avait

---

(1) Ex *Chartario S. Petri Montis*, 1141, *Gallia Christ*. t. XII. *Instr*. col. 262.

(2) *Charta Henrici, episcopi Trec.* 1145, Archiv. Haute-Marne, Boulancourt, origin. 3° liasse. — Ibid. *Bulla Adriani IV*, 1155, origin. 1re liasse. — Ibid. *Charta Matthæi, episcopi Trec.* 1177, origin. 2° liasse.

(3) *Charta Henrici, episcopi Trec.* 1165, ibid., origin. 2° liasse.

(4) *Charta Symonis de Brous* Broyes 1155, ibid, origin. 4° liasse.

(5) *Charta Matthæi, episcopi Trec.* 1173, ibid., origin. 4° liasse.

(6) *Charta Matthæi, episcopi Trec.* 1178, ibid., origin. 4° liasse.

(7) *Charta Manassis, episcopi Lingonensis*, 1187, ibid., origin. 2° liasse. — *Charta Bartholomei, episcopi Trec.* 1192, ibid., origin. 4° liasse.

(8) *Charta Manassis, episcopi Trec.* 1187, ibid, origin, 4° liasse.

(9) *Bulla Innocentii III*, 1198, ibid, origin. 1re liasse.

(10) *Charta Garnerii, episcopi Trec.* 1200, ibid., origin. 4° liasse.

(11) *Charta Hervei, episcopi Trec.* 1211, mense maio. — Archiv. du cabinet de M. l'abbé Coffinet, origin. scellé.

(12) Avec ces deux formes corrompues : *Callencuria* et *Tallen-curti*.

élevées autrefois contre l'abbaye, touchant les bornes et limites de la maison, consistant en grands fossés et en haies.
Il cède aux religieux tout droit de justice au-dedans desdites
clôtures de l'abbaye, qui sont enfermées entre les rivières de
Voire et de Laine, et du moulin Ramon-Ru (plus tard le
moulin Evrard), situé entre la maison de la Pescherie, dite
Lafferley, sur la rivière de Laine, et le pourpris des con-
verses, en tirant au gué de Morcey, le long de la droite voie
appelée la voie de Morcey. Dans ces limites sont compris
l'abbaye avec ses accins et pourpris, deux moulins à blé et
deux granges appelées le Désert et les Dames, le pré Le-
maître, appelé plus tard le Grand-Pré, s'étendant jusqu'au
Petit-Han, et consistant en 240 journaux. Cette concession
fut confirmée par Hugues, comte de Rethel, et Geoffroy V
de Joinville. Témoins : Jean de Lucemont, Guillaume de
Saint-Chéron, Olivier de Drosnay, Royer de Lassicourt,
chevaliers, et Hugue, prévôt de Coole (1). Ces donations
furent amorties en 1336, par Philippe VI de Valois. De
qui ressortissait au xiiiᵉ siècle la garde de l'abbaye ? Les lettres suivantes de Philippe IV, roi de France, montrent que
ce droit n'était pas nettement fixé : « Sachent tous que
notre ami et féal Edmond, fils du roi d'Angleterre, seigneur
de Beaufort, prétendant, contre notre province de Champagne, que la garde et saisine de corps de l'abbaye de Boulancourt lui appartenait comme seigneur de Beaufort,
comme étant de la châtellenie de sa terre, et qu'après la
guerre de Champagne, il fit défense au bailli de Chaumont
de commander auxdits religieux, et à ceux-ci de lui obéir ;
nos gens de Champagne au contraire, disant que, dans le
temps que la terre de Beaufort fut vendue par le comte
de Rethel (2), la garde de Boulancourt appartenait au comte

_____

(1) Cartul. nᵒ 138. — Cette charte fut représentée en 1533, dans
un procès relatif à la justice de Boulancourt. (Cartul. nᵒˢ 548 et 564.)

(2) La châtellenie de Beaufort passa, de la maison de Broyes à la
maison de Rethel, par le mariage de Félicité de Broyes, dame de

de Champagne, et ressortissait du bailliage de Rosnay (1).
Cependant, après une enquête assez prouvée, nous avons
laissé et adjugé la garde de ladite abbaye audit Edmond,
seigneur de Beaufort. A Paris, l'an 1288, au mois de
juillet. » Collationné l'an 1505 (2). Désormais, Boulancourt ressortira du bailliage de Beaufort.

§ III.

1re Fondation : Boulancourt collégiale de chanoines réguliers.

L'abbaye de Saint-Pierre-Mont, fondée en 1090, au diocèse de Metz, pour des chanoines réguliers, par Mathilde,
fille de Boniface, duc de Lorraine (3), posséda, presque
dès ses premières origines, la maison de Boulancourt, où
l'on trouve aussi des chanoines réguliers. Il est difficile de
donner la date précise de cette première fondation de Boulancourt. Desguerrois parle d'un accord entre les abbayes
de Boulancourt et de Montiérender, sous le sceau de Matthieu, cardinal légat, évêque d'Albano, fait à Montiérender,

Beaufort, avec Hugue II, comte de Rethel, en 1191. Blanche d'Artois, épouse de Henri III, comte de Champagne, acheta, en 1270,
juillet, la châtellenie de Beaufort à Hugue IV de Rethel, encore en
tutelle, pour le prix de 7,000 l. tournois (*Hist. des Comtes de Champagne*, t. VI, no 3668). Edmond, second fils de Henri III, roi d'Angleterre, obtint la châtellenie de Beaufort par son mariage, en 1275,
avec Blanche d'Artois, veuve du comte de Champagne.

(1) Nous trouvons, en effet, cette sentence du mois de mars 1250 :
Jean de Sézanne, chevalier, chambrier du roi de Navarre, déclare
que procès étant mû devant lui et Etienne, bailli de Chaumont, entre
les religieux de Boulancourt et Bigot de Lassicourt, écuyer, au sujet
des pâturages de Lassicourt et de Bétignicourt, ils ont été adjugés
aux religieux pour les bestiaux de leurs granges de Perthe-en-Rothière et de Perthe-Sèche, aux assises de Rosnay, par Gauthier, seigneur d'Arzillières, qu'ils ont pris pour arbitre. (Cartul. no 392.)

(2) Cartul. no 422.

(3) *Histoire de Lorraine*, t. 1er. *Preuves*, col. 504.— *Gallia Christ.*,
t. XIII. col. 938.

l'an 1124, indiction VII, épacte XXVIII, concurrent I. Or,
dans cet acte rapporté dans le vieux cartulaire de l'abbaye,
il est question d'une possession remontant à 31 ans, et
Desguerrois conclut de ce document que l'abbaye existait
dès l'an 1093 (1). Son opinion fut adoptée par les Bénédictins, dans la *Gallia* (2), et suivie par tous les auteurs qui
ont écrit depuis, et récemment par le P. Remy de Buck (3).
Cependant, on ne peut adopter cette argumentation ; car il
est bien évident que la pièce inscrite au cartulaire est datée
de l'an 1124 par erreur. En effet, nous ferons remarquer
d'abord qu'en 1124 on ne trouve ni l'indiction, ni l'épacte,
ni le concurrent indiqués. D'ailleurs, l'acte de 1124 a lieu
en présence de Matthieu, cardinal-légat, évêque d'Albano.
Or, Matthieu, ancien prieur de Cluny, ne fut créé cardinal
et évêque d'Albano que vers la fin de 1127 (4), et c'est à
cette époque que la légation de France lui fut confiée pour
le concile de Troyes, qui devait s'ouvrir le 13 janvier
1128 (5). Enfin, pour arriver à la preuve décisive qui tient
lieu de toute autre, nous signalerons l'original même de la
pièce en question ; il se trouve aux archives de la Haute-
Marne (6). Or, cette pièce originale est datée de l'an 1129,
et c'est précisément à cette année que se rapportent les
notes chronologiques citées plus haut : l'indiction VII, l'é-
pacte XXVIII et le concurrent I. On ne peut donc pas con-
clure de cette charte que l'abbaye de Boulancourt remonte
plus haut que l'an 1098. Le document qui précise la date
la plus ancienne, est une charte de Philippe, évêque de
Troyes. Cette charte n'est pas datée ; mais il faut la placer

---

(1) *Sainctelé*, fol. 277-278.

(2) Tom. XII, col. 604.-E.

(3) *Acta Sanctorum*, t. XII. Octobr. p. 391.-A.

(4) *Baronius ad an.* 1126, c. IX et *supra* VII et VIII. On sait que
la chronologie de Baronius est en retard d'une année.

(5) *Ibid. ad an.* 1127, c. VI.

(6) Boulancourt, origin. 3ᵉ liasse, sans sceau, 37 lignes.

2

au plus tard en 1121, puisque c'est l'année de la mort de Philippe. Or, dans cette charte, Philippe fait connaître que Roger de Joinville, fils de Geoffroi II, approuve et ratifie la donation faite, depuis 25 ans environ, par son frère, le comte Renaud de Joinville, du consentement de Hugue Bardoul (1). Cette pièce nous fait donc remonter à l'an 1096 environ. Nous retrouverons cette donation dans la grande charte de confirmation des biens de l'abbaye, scellée par Henri, évêque de Troyes, avant l'an 1155, et confirmée le 7 mars 1155, par le pape Adrien IV (2). Le rédacteur de notre cartulaire dit que l'abbaye fut fondée, au plus tard, en 1095 (3).

Le bon accord entre Boulancourt et Saint-Pierre-Mont ne dura pas longtemps. Lorsque les abbayes de Citeaux et de Clairvaux furent fondées, au commencement du xiie siècle, Boulancourt commença à affecter l'indépendance à l'égard de Saint-Pierre-Mont, prit le titre d'abbaye (4), et se rapprocha des constitutions de Citeaux (5). En 1141, Constantin, abbé de Saint-Pierre-Mont, régularisa la condition de la maison de Boulancourt, par l'érection canonique de l'abbaye (6); mais le pape Eugène, vers l'an 1149, ayant appelé un religieux nommé Philippe, de l'ordre de Prémontré, pour réformer et régir l'abbaye de Saint-Pierre-Mont, dont les constitutions furent modifiées, Boulancourt saisit cette occasion pour consommer une rupture depuis longtemps commencée, et demanda à s'affilier à Clairvaux. D'ailleurs, Boulancourt n'avait pas moins besoin de réforme que Saint-Pierre-Mont. Henri, évêque de Troyes, ayant fait une enquête dans l'abbaye, avait demandé et exigé la réforme;

---

(1) Cartul. no 2.
(2) Voir plus bas, page 22.
(3) Fol. Ier.
(4) Cartul. no 1, charte de 1120.
(5) *Gallia Christ.*, t. XII., Instr. col. 262.-E.
(6) *Ibid.* col. 262.

les religieux tournèrent alors leurs regards du côté de Clairvaux et de Saint-Bernard, qui en était abbé. Ce choix témoi-
gnait du bon vouloir des religieux de Boulancourt, et dut
consoler le cœur du pieux évêque de Troyes.

2ᵉ Fondation : Boulancourt abbaye cistercienne.

On lisait dans l'ancien Martyrologe de Boulancourt, écrit
sur vélin, au xiiiᵉ siècle, in-4° : « *Anno ab Incarnatione
Domini* M°.. C°.. XL°.. IX°, IV *non. Martii, fundata est
domus Bullencuriæ a B. Bernardo primo abbate Clare-
vallensi* (1). » Le rédacteur de notre cartulaire ajoute :
« on lit, sur le Martyrologe du xiiiᵉ siècle, des vers que j'ai
vus, en 1738, encadrés proche le tombeau du saint évêque
Henri ; les voici :

> L'an mil cent quarante-neuf,
> A sainct Bernard par bon amour
> Le bon Henri de Troyes pasteur
> Donna ce lieu de Boulancour (2). »

Il faut donc placer, d'après le nouveau style, au mois de
mars 1150, la fondation de Boulancourt comme abbaye
cistercienne. Dans le cours de la même année, Philippe,
abbé de Saint-Pierre-Mont, ayant consenti à ce qui venait
de se faire, écrivit au pape Eugène III, au nom de son chapitre, pour le prier d'approuver et de ratifier l'élection de
Boulancourt en abbaye cistercienne de la filiation de Clairvaux (3). Toutefois, ce n'est que le 30 novembre 1152
que Philippe et son chapitre remirent le droit d'un cens de
10 s. qu'ils avaient conservé jusqu'alors sur Boulancourt (4).
C'est cette même année, après l'autorisation du Saint-Siège

---

(1) Biblioth. imp. *Mém. de Guiton*, Bouhier, 52, fol. 47. — On lit
dans Robert, *Gallia Christ.* : *Fundatur* 1149, 7 *april.* p. 537.

(2) Fol. Iᵉʳ.

(3) Cartul. nº 16. — Imprimé par Desguerrois, *Saincteté*, fº 288 vº.

(4) Cartul. nº 17.

sans doute, que la charte de donation suivante fut écrite :

« A très-honoré père en nostre seignor, F. Bernard abbé
del Clerevaux et à tous cez qui apres li establi seront en ce
leu. Ge Henris Evesque de Troyes salut à tousiors. Cum
nous soiens tenu d'avoir cusantan et painne de penser et
d'aider, comment les Abbayes et les Eglises de nostre Eveschié se doient tenir en bon estat, et encore tousiors croistre
en meilior, por lou loier que nos en attendons de nostre
seignor. En nostre Eveschié estoit une Eglise de chanoines,
dicte Bullencourt, où il y avoit abbé et chanoines et convers
et femmes, lequiel tuit avoient bon proposement en aucune
fois de tenir relligion, mais comme boens enseignements et
bonne doctrine i allàt défaillant, si que toute relligion i fal-
loit, et que toutes deshonnestés i croissoient, Ge lui mandez
des habitators dou leu, que allasse au leu por elz reconforter,
et por elz endoctriner et ramener à bonne voye ; et cum je
fusse approchez et venuz au leu, ils me prièrent tuit li habi-
tant au leu, que je lor Eglise, et toutes lor possession oc-
troiasse, et elz meisse en l'ordre de Citiaux, et especiau-
ment les baillasse à garder et à conduire selon les coutumes
de l'ordre de Citiaux à vos Doms Abbés, et à la maison de
Clerevaux, et li Abbé de ce leu la laissa l'Abbaye en nostre
main et la rendi à l'eure de Clerevaux ; et Ge regardenz que
nostre syre Diex, par vostre grande saintée, et par vostre
relligion avoient lou monde enluminé et amandé, celle
Eglise de Bullencourt et toutes ses possessions ge doin à
l'ordre de Citiaux, et à toi bon Abbés de Clerevaux, et à
vostre maison pour elz gouverner et conduire, lesquieux
possessions de cele Eglise sont tiens. C'est à scavoir li lieus
et la terre où l'Abbaye siet, la grange de Froide-Fontaine,
Perte-en-Rostière, Perte-Haimon, Perte-Seiche, Domprot,
Bervile (Le Breuil), Der (omise par Desguerrois), et toutes
les appendises et les pertenances de ces granges, et toutes
les choses que cele Eglise tenoit de par nostre Seignor ; et
por que toutes ces choses devant dites ne soient muées ou

empirées, ge fis sceller cette chartre de nostre scel, et ce
fut en l'an de grâce 1152, ou tens Lois lou jeune Roi de
France. »

Ce texte (1) est tiré du vieux cartulaire français. Camusat
regrette de n'avoir pu trouver l'original latin; ce document
n'est pas perdu : il existe aux archives de la Haute-
Marne (2).

§ IV.

L'abbaye de Boulancourt fut primitivement fondée par
les maisons de Joigny-Joinville, de Broyes-Beaufort, de
Brienne et de Champagne, c'est-à-dire du côté de la maison
Joigny-Joinville : — 1° par les enfants de Hilduin de
Neuilly : (Gauthier d'Oiron, Vithier et leur sœur Hesceline,
dame de Neuilly, mariée à Guy d'Aigremont, frère utérin
de Tescelin, père de Saint-Bernard); — 2° par les enfants
de Geoffroi II, sire de Joinville, frère cadet de Hilduin de
Neuilly (Renaud et Roger, son frère); — Du côté de la
maison de Broyes-Beaufort : par Hugues Bardoul II, seigneur de Broyes et de Beaufort, et sa femme Emmeline de
Montlhéry, et leur fils Simon I de Broyes, et sa femme Félicité de Brienne (3), fille du comte Erard I. — Du côté de
la maison de Brienne : par Erard Ier, comte de Brienne, et
Engilbert, son frère, seigneur de Conflans, et plus tard par
Gauthier II, et Félicité, sa sœur, enfants d'Erard I, et Emmeline, fille d'Engilbert. — Du côté de la maison de Champagne : nous trouvons le comte Hugues (1093-1125), et
plus tard, son fils Thibaut II, figurant parmi les premiers
et principaux fondateurs de l'abbaye de Boulancourt.

(1) Cartul. n° 15. — Camusat, *Prompt.* fol. 349 v°. — Desguerrois, *op. cit.* fol. 288 v°.

(2) Boulancourt, 3e liasse, origin. sans sceau, 19 lignes. — *Opera
S. Bernardi*, édit. Benedict., t. I, col. 383. — *Gallia Christ.*, t. XII,
Instr. col. 268.

(3) Félicité épousera, plus tard, en secondes noces, Geoffroi III,
sire de Joinville.

Pour ne pas citer ici une foule de donations particulières,
nous allons donner une charte de Henri, évêque de Troyes,
où figurent les principaux donateurs des biens de notre abbaye. Cette charte, antérieure à l'an 1155, est répétée tex-
tuellement dans la bulle de confirmation du pape Adrien IV,
le 7 mars 1155 (1). Afin que la liste des donateurs soit plus
complète, nous placerons en notes les noms ajoutés dans la
bulle d'Alexandre III, du 8 décembre 1173 (2).

Confirmation par Henri de Carinthie, évêque de Troyes,
des donations faites à l'abbaye de Boulancourt. « Au nom
de la Sainte-Trinité, je, Henri, par la grâce de Dieu, évêque
de Troyes, ai confirmé par cette charte la concession que
j'ai faite de l'église de Boulancourt à religieuses personnes
et de bénite mémoire, dom Bernard, abbé de Clairvaux, et
à ses successeurs. Nous avons établi à Boulancourt les constitutions de l'ordre de Cîteaux, sous le soin et la filiation de
Clairvaux. Nous vous confirmons, de l'autorité que nous te-
nons de Dieu, le lieu même de Boulancourt, et une partie
du territoire de Longeville, selon qu'il a été déterminé et
réglé par le comte Renaud de Joinville et Roger, son frère,
Gauthier de Oiron et Gauthier de Neuilly, et confirmé par
Hugues Bardoul et Simon, son fils, du fief duquel toutes
ces choses mouvaient. — En outre, votre usage dans toute la
terre de Longeville, savoir : pâturages pour tous vos bestiaux, et bois à brûler et à bâtir. — Les concessions du comte
de Champagne, Hugue, et d'Engilbert de Brienne, seigneur
de Conflans (3), de Boson d'Urville, de Philippe de Valen-

----

(1) Archiv. Haute-Marne, Boulancourt, origin. 1re liasse. — Cartul.
nº 31.

(2) Archiv. Haute-Marne, Boulancourt, origin. 1re liasse. — Cartul.
nº 77. — Cette bulle et la précédente sont inédites, et ne sont pas si-
gnalées par Philippe Jaffé, dans ses *Regesta SS. Pontificum*.

(3 D'Emmeline, fille d'Engilbert; d'Arnould, prêtre de Brienne;
de Boson de Thil; de Raoul Chaudron, seigneur de Blignicourt, et

tigny et autres seigneurs (1), qui sont la grange de Froide-Fontaine et ses dépendances, terres, prés et bois, avec la partie provenant d'Herbert-Bergier et de ses enfants, qui se donnèrent tous à votre église. — La concession de Hugues Bardoul, et de Simon, son fils, qui sont Perthe-Edmond et ses dépendances avec l'usage sur toute la terre de Beaufort.— La concession de Hugue, comte de Champagne et d'Achard de Drosnay, qui est la ferme de Perthe-Sèche, son bois et les terres qui en dépendent, avec l'usage sur toute la terre du comté en pâturages et bois à brûler, avec exemption de toute servitude et droits quelconques. — La grange de Domprot, ses dépendances et le moulin provenant d'Achard de Drosnay, Perthe-en-Rostière, ses dépendances et tous les droits appartenant à l'autel (2). — La concession d'Erard, comte de Brienne, confirmée par Gauthier, son fils, du droit d'usage sur toute la terre de Brienne, permission de couper dans les bois pour bâtir et chauffer. — La grange du Breuil et ses dépendances, provenant de la libéralité d'Arnould, prêtre de Brienne, et de Gui, son frère, de Hugues le Frison et autres (3). — La grange de Der, provenant de

---

ses héritiers. La branche des Chaudron de Briaucourt figure souvent aussi parmi les bienfaiteurs de notre abbaye.)

(1) Et de Gauthier de Biart, et de Rose, son épouse, et de ses fils et de ses filles; de Manassès de la Motte et de ses enfants, de Gauthier de Neuilly, de Pierre de Pougy, de Thiébaut de Vécourt et de ses frères, des moines de Montiérender et de Cluny, du prieur de Sainte-Eulalie, et de Milon de Maizières.

(2) La donation du comte Henri de Champagne, de Simon de Beaufort, et de Hugue de Broyes, son frère, et de Simon de Commercy, c'est-à-dire toutes les possessions depuis le rupt de Gome jusqu'à l'Amance, et depuis la rivière de la Laine jusqu'au chemin des Galosses, consistant en terres, prés et bois.

(3. La concession de Roric, vicomte de Rosnay, et de Dodom, son fils, et des moines de Molesme, le don d'Herbert et de Barthélemy frères, de Crépy, de Gauthier de Biart, avec plein usage dans les terres et les bois de Jusanvigny, pour vos fermes, et usage dans les terres et bois de Brienne, avec exemption de tous droits seigneuriaux, de Jean d'Amaury et de Burdin, frères, de Ponce d'Amance.

Robert de Pel, Thièce, sa sœur, Gui d'Unienville et Thièce, sa femme, qui donne son fils et son fief à Boulancourt (1). — Ce que nous avons confirmé en présence de Gui, abbé de Montiéramey, de Guillaume, abbé de Saint-Martin, de Pierre, abbé de l'Isle Germaine, des archidiacres Manassès, Gibuin, Eudes, Faucon et Guery; Girard, Eustache, Pierre-le-Bougre, Bernard qui écrivit cette charte (2). »

En 1231, mars, la fondation de Boulancourt par les maisons de Broyes, Joinville, Brienne, est rappelée dans cette lettre de Geoffroi de Deuilly, un des principaux bien-faiteurs de Boulancourt, au XIII° siècle, avec sa femme Hel-vide et son fils Guillaume :

« A sa très-chère cousine Félicité, illustre comtesse de Réthel et dame de Beaufort, Geofroi de Deuilly, salut et bon amour.

Comme enquête a été faite du droit que je devais avoir à Longeville, et que j'ai trois parts dans la moitié, et que vos ancêtres (3), et les miens (4) qui ont fondé l'église de

---

1) La grange d'Arlette, avec ses dépendances, terres, prés, eaux, bois et exemption de dîme, du don de Thiébaut d'Arsonval et de ses fils, d'Eudes de Loches, d'Elée d'Engente, de Pierre de Fontette, de Robert de Mathaux, et de Milon de Proverville.

(2) Cartul. n° 34.

(3) Félicité de Broyes, dame de Beaufort, était fille de Simon de Broyes, seigneur de Beaufort (fils de Simon Ier, seigneur de Broyes), et d'Agnès, dame en partie de Rameru. Elle épousa Hugues II, comte de Rethel, en 1191. Dès l'an 1230, novembre, elle scella, avec son fils Hugues III, une charte (n° 400). D'après l'Art de vérifier les dates, Félicité vivait encore en octobre 1231 (T. XI, p 406). Mais nous la trouvons, avec son fils, Hugues III, dans notre cartulaire, en novembre 1240, confirmant toutes les acquisitions faites par Boulan-court sur ses terres : « Ce qu'approuve mon cher fils Hugues, comte de Réthel (n° 352.) » En 1241, au mois d'août (n° 360), et enfin, au mois de mars 1242 (n° 367). Ces chartes commencent : Ego Felicitas domina, Belli fortis, dicta comitissa Registensis, et ego Hugo co-mes Registensis; ou Ego Felicitas dicta comitissa Registensis, do-mina, Belli fortis, et ego Hugo.....

(4) Geofroi, seigneur de Deuilly, était fils cadet de Gérard II, comte

Boulancourt ont donné beaucoup de biens audit Longeville, ce que je leur ai confirmé, du consentement de Guillaume, mon fils. Plusieurs de vos vassaux ont esserté sur leur finage au détriment de leur église ; faites-leur, je vous prie, rendre justice, surtout par la communauté d'Hampigny, et mandez-moi par le porteur de cette lettre ce que vous ferez. L'an 1231, au mois de mars (1). »

§ V.

L'abbaye de Boulancourt faillit périr peu de temps après sa réformation ; de grands malheurs arrivés à l'abbaye, vers 1158, sont signalés dans les documents de l'époque ; ils furent réparés par Henri de Carinthie, évêque de Troyes (2), Henri Iᵉʳ, comte de Champagne (3), Gauthier II, comte de Brienne (4). Leurs chartes, datées de l'an 1158, commencent par cette formule de commisération :

« *Misereor super Ecclesiâ de Burlencurt miserabiliter dispersâ et desolatâ, et libenti animo subvenio fratribus qui ibidem Deo servierint in tantarum tolerantiâ passionum.* » — Quelle fut la cause de ces malheurs ? Peut-être ne faut-il voir que l'invasion à main armée faite, en 1157, par Roger d'Orge et son frère Bernard. Irrités de ce que leur père, Gui de Maizière, avait donné, en se faisant moine, ses plus beaux biens à l'abbaye, ils avaient fait main-basse sur les récoltes, les grains, les vins, les foins, et jusqu'aux fruits des vergers et aux bœufs de la maison. Ils furent ex-

---

de Vaudémont et de Helvide (appelée aussi dans notre cartulaire, Aléïde, Éléonore et Gertrude), fille de Geofroi III, sire de Joinville, mort en 1132, et de Félicité de Brienne, mariée en premières noces à Simon de Broyes. — Helvide, mère de Geofroi de Deuilly, était donc sœur utérine de Simon, père de Félicité, comtesse de Réthel.

(1) Cartul. nᵒ 271
(2 Ibid. nᵒ 41.
(3) Ibid. nᵒ 45.
(4) Ibid. nᵒ 42

communiés par Joffroy, évêque de Langres, jusqu'à pleine satisfaction (1).

Grâce à ces puissantes interventions, l'abbaye devint plus florissante que jamais, et sur la fin du xii° siècle, et dans le cours du xiii°, elle compte jusqu'à 200 religieux ; en sorte qu'au xiv° siècle, on fut obligé d'en restreindre le nombre. A la fin du Martyrologe de Boulancourt déjà cité, on lisait : « que le chapitre général de Cîteaux ayant réglé que les abbés fixeraient le nombre des religieux de chaque abbaye de la même filiation, en conséquence, l'abbé de Clairvaux statua que le nombre de 160 ne serait pas dépassé à Boulancourt (2). »

Cette abbaye se conserva dans la ferveur jusqu'à la fin du xiii° siècle, malgré les pernicieux exemples qui venaient de haut ; car l'ordre de Cîteaux commençait à glisser dans un relâchement de discipline qui fut irrémédiable dans la plupart des maisons de France. Nous rappellerons tous les efforts du pape Urbain IV, natif de Troyes, et de ses délégués, Nicolas de Brie, évêque de Troyes, l'abbé de Marmoutiers et l'abbé de Beaulieu, en 1264, pour la réforme de l'ordre de Cîteaux (3). Cette importante enquête, qui révèle de grandes misères, est passée sous silence par les historiens du pape Urbain IV, et par tous ceux qui ont écrit sur Nicolas de Brie. Mais nous trouvons l'abbé de Boulancourt parmi les seize abbés qui signent l'adresse au pape, afin de presser la réforme de l'ordre. Cette adresse fut rédigée au mois de juillet 1264, à Langres, où l'évêque de Troyes avait assigné les abbés de l'ordre de Cîteaux à comparaître (4).

---

(1) Cartul. n° 37.

(2) Ibid. fol. 2. — *Quia definitum est à generali capitulo ut Patres Abbates in filiabus suis ordinarent de numero personarum, nos Abbas Clarevallis, de consilio Abbatis et seniorum Bullencuriæ, statuimus ut in eadem domo numerus 160 personarum nullatenus augeatur.*

(3) *Nomasticon Cisterciense*, p 376-446.

(4) Ibid. p. 441.

L'interprétation de la Charte de Charité, par la bulle *Parvus fons* de Clément IV (15 sept. 1265), n'arrêta pas la décadence de l'ordre, et dans le cours du XIVe siècle, l'abbaye de Boulancourt fut entraînée par le torrent. La Providence préparait ses châtiments, entre autres la famine et la guerre. En 1346, et les années précédentes, les récoltes manquent, et l'abbaye, comme nous le verrons, est obligée de contracter de gros emprunts; d'ailleurs, nous lisons au commencement du cartulaire : « Boulancourt a beaucoup souffert dans la guerre des Anglais, et est resté vingt-deux ans inhabité (1). » En effet, le cartulaire ne renferme qu'un acte entre l'an 1367 et l'an 1390. Sans doute, les religieux prirent la fuite à la veille de l'invasion anglaise. Où se retirèrent-ils? Nous l'ignorons; ce que nous savons, c'est que dans le compte de l'aide accordée au roi Charles VI par le clergé du diocèse de Troyes, pour l'année 1381, l'abbé de Boulancourt est porté pour 12 liv. (2).

Sur la fin du même siècle, les religieux rentrèrent dans l'abbaye. En 1448, le 28 mars, on retrouve les principaux officiers monastiques : D. Jean de Moncet, abbé ; D. Jean de Brienne, prieur ; D. Nicole de Chassericourt, célerier ; D. Nicole Barat, chantre; D. Jean d'Arsonval, sacristain (3). Nous tirons les renseignements suivants d'un document de l'an 1536 : « Les bâtiments qui appartiennent à l'abbaye sont bien entretenus ; on a rebâti trois granges à neuf, à Froide-Fontaine; une autre, au Désert, qui avait été brûlée ; deux moulins neufs, une grange et étable à Arlette. Les étangs ont été réparés et la couverture de l'abbaye retenue. Le service divin s'y fait régulièrement et décemment par les religieux, au nombre de quatorze, tant prêtres que novices, sans compter les frères convers et les serviteurs (4). »

(1 Cartul. fol. 2.

 2 *Pouillé de* 1407, p. 225.

(3) Cartul. n° 187.

(4) Ibid. n° 584.

Le 31 novembre 1552, il n'y avait plus que douze religieux (1), et le 29 novembre 1601, on n'en trouve plus
que huit (2). En 1615, Denis l'Argentier, abbé de Clairvaux, rendit une ordonnance pour que le nombre de quatorze religieux et trois frères fût rétabli, comme il existait
« peu de temps après les troubles du royaume. » Malgré
ce règlement, on voit qu'à la prise de possession de l'abbaye, le 13 février 1617, par Ferry de Choiseul (3), et aussi
dans le bail des revenus de l'abbaye, en date du 30 décembre 1617, qu'avec l'abbé, il n'y avait à Boulancourt
que sept religieux prêtres, deux novices, un convers, un
serviteur et le portier (4). En 1696, l'abbé François Mallet
de Graville demande que le nombre de huit religieux ne
soit pas dépassé (5). Edmond Martène n'en trouva que cinq
en 1717 (6). Enfin, les pouillés manuscrits du diocèse de
Troyes de 1761 et 1768 (7) portent six religieux à Boulancourt.

L'église de l'abbaye, construite à la fin du xi° ou au
commencement du xii° siècle, fut reconstruite au xiii° siècle.
On lisait à la fin du Martyrologe de l'abbaye : « *Anno Domini* 1230, *mense augusto, ferià IV, die festo S. Augus-
tini episcopi, posita sunt fundamenta novæ ecclesiæ S*
Mariæ de Bullencurià.* »

La fête de la dédicace se faisait le 30 octobre : « *tercio
Kalendas novembris dedicatio ecclesiæ nostræ* (8). » L'é-
glise de Boulancourt ayant été endommagée pendant l'invasion anglaise, quelques mois après la délivrance de Troyes

---

(1) Cartul. n° 655.
(2) Ibid. n° 852.
(3) Ibid. n° 916.
(4) Ibid. n° 911.
(5) Ibid. n° 1044.
(6) *Voyage littéraire de deux Religieux Bénédictins*, t. 1, p. 96
(7) Secrétariat de l'Evêché. Nous possédons la copie de 1768.
(8) Cartul. fol. 1.

et le départ des ennemis, les religieux, le 7 décembre 1428, passaient un marché pour la réparation de cet édifice. L'acte est sous le sceau de la prévôté de Vassy.....

« Fut présent maître Guéri Malpayé maçon demeurant à Bar-le-Duc, disant qu'ayant fait marché avec l'abbé et les religieux de Boulancourt pour ravaller le haut toit de leur église et pour tous les ouvrages de maçonnerie appartenant à icelle, plus à plein détaillé au marché principal, moyennant le prix de 400 écus d'or, un muid de froment, une émine de pois, une émine de fèves à la mesure de Troyes, un cent de lard et six queux de vin, lesdits ouvrages faits et parfaits pour la Saint-Martin d'hiver prochaine, sous peine de dommages et intérêts (1). » On voit qu'il s'agit de réparations importantes. Le 2 juin 1588, bail emphythéotique de la Neuve-Grange pour l'entretien de l'abbaye et la reconstruction de la nef de l'église (2). Le sanctuaire, de belle architecture ogivale primitive, exista jusqu'à la Révolution.

Cette église, dit le rédacteur de notre cartulaire, serait une basilique, si elle n'eût été détruite, puisque j'en ai vu un collatéral élevé jusqu'aux voûtes, et que les fondations en subsistent jusque sur la rue et dans le verger. L'aile du croison (transept), au midi, a été abattue en 1772 ; une chapelle du collatéral, dédiée à saint Jean-Baptiste, sert de sacristie ; la seconde, dédiée à saint Étienne, a été abolie entièrement pour finir le dortoir (3). On trouve les autres détails sur l'église de Boulancourt dans le *Voyage littéraire de deux Religieux Bénédictins*, et dans la relation de deux visites de D. Guiton en 1744 et en 1748 (4).

1er août 1711, marché pour reconstruire le dortoir, moyennant le prix de 11500 l. (5).

---

(1) Cartul. no 481.
(2) Ibid. no 765.
(3) Ibid. fol. 1.
(4) Bibl. imp. Bouhier, 52. *Mém. de Guiton*, fol. 47 ro, et 128 vo.
(5) Cartul. no 1143.

Le 24 décembre 1721, marché pour la reconstruction de l'abbatiale : « L'ancienne maison abbatiale étant sous le dortoir, et presque contiguë, et tombant en ruines.... pour y remédier, pour rendre le logement plus sain, plus commode et plus proche de l'église, a été convenu de le transporter dans le champ du moulin, entre l'église et la chapelle Sainte-Asceline, dont la face sera au midi, avec grange, écurie et autres dépendances, et cour dont la contenance, y compris le jardin, sera de 39 toises de long, sur 22 et demie de large. Les religieux requis par Jean de Catelan, évêque de Valence, abbé de Boulancourt, s'engagent à faire reconstruire l'abbatiale dans l'espace de quatre ans, conformément au mémoire et plan de Simon Dumoyer, architecte à Troyes. L'abbé fournira pour sa part 3686 l., et abandonnera aux religieux les matériaux et l'emplacement de l'ancienne abbatiale (1). »

On peut juger de la grandeur de la maison par la longueur et le plan de l'église et des cloîtres, par les anciens dortoirs qui allaient jusque sur la rivière, et par les autres bâtiments qu'on retrouve sous terre dans leurs fondements, par les débris de constructions qui sont tout autour de la maison, une forge proche de la ferme de Boutefer, derrière l'église, une chapelle et un cimetière à l'entrée de la maison, où est maintenant la grange du meunier (2).

De nos jours, on voyait encore naguère le principal corps de logis qui regardait l'occident ; du même côté étaient de vastes jardins au milieu desquels coule la Laine.

L'ancien réfectoire était richement décoré de moulures en plâtre, et le salon de sculptures en bois, le tout d'un goût aussi païen que possible. Une belle façade du cloître resta jusqu'à ces derniers temps ; les sept ouvertures ogivales de ce cloître se divisent, les unes en arcades trilobées, avec une

(1) Cartul. n° 1153.
(2) Ibid. fol. 2.

rosace à six feuilles dans l'amortissement; les autres, en arcades à plein cintre, avec une triple porte au sommet. La
voûte, divisée par des nervures arrondies, était soutenue par
des colonnettes d'une grande élégance, couronnées de chapi-
teaux variés. Une vaste salle voûtée, à style ogival, était
destinée au chapitre

Enfin, le 2 mai 1791, le tribunal du district de Saint-
Dizier vendit à l'enchère, au citoyen Oudot, marchand à
Vassy, l'abbaye, ses jardins et dépendances, à l'exception
de l'abbatiale, pour le prix de 19200 l., papier-monnaie (1).
Maintenant, la charrue passe sur l'emplacement des cons-
tructions de Boulancourt.

Ce rapide coup-d'œil historique sera complété dans les
chapitres suivants. Entrons dans l'intérieur de l'abbaye.

CHAPiTRE II.

Régime intérieur.

I. Abbés, succession chronologique. — II. Officiers monastiques.
costume. nourriture.

Nous ne voulons pas entrer dans les détails généraux
concernant toutes les abbayes cisterciennes. Le régime intérieur de ces abbayes est bien connu (2).

§ I.

L'abbé était élu par les religieux, selon la prescription

1ᵉ Archiv. Haute-Marne, affiche nº 18, district de Saint-Dizier.

(2) *Nomasticon Cisterciense*, par D. Julien Paris, in-fol. Paris,
1664. — *Du premier esprit de l'Ordre de Cîteaux*, par D. Julien
Paris, in-4º. Paris, 1664. — *Défense des règlements pour la réformation de l'Ordre de Cîteaux*, in-4º. Paris, 1656. — *Histoire générale de la réforme de l'Ordre de Cîteaux*, in-4º. Avignon, 1746. —
Etudes sur l'état intérieur des Abbayes cisterciennes, par H. d'Arbois de Jubainville, in-8º. Paris, 1858.

de la règle de Saint-Benoît (1). Ce règlement fut en vigueur, jusqu'à ce que l'abbaye de Boulancourt tombât en commende, au xvi° siècle. L'abbé nommait les fonctionnaires de l'abbaye et avait la direction suprême du spirituel et du temporel. Cependant il ne pouvait prendre aucune décision sans avoir demandé l'avis des anciens, et quelquefois de toute la communauté, quoiqu'il ne fût pas obligé de suivre cet avis (2). Jusqu'en 1280 il ne pouvait faire aucune aliénation d'immeubles, sans consulter les anciens (3). A partir de 1280, il dut obtenir le consentement du chapitre général (4). Il avait son sceau particulier, et la communauté n'en avait pas. Au xiv° siècle seulement, les abbayes cirterciennes eurent le droit d'avoir un sceau qui devait être apposé aux actes d'aliénation et aux emprunts, sous peine de nullité (5). L'abbé de Boulancourt dépendait encore de l'abbé de Clairvaux, dont l'autorité, comme celle des abbés de Cîteaux, Laferté, Pontigny et Morimond, était très-grande sur les abbayes de leur filiation.

Nous donnons la succession chronologique des abbés de Boulancourt. On trouvera dans ce catalogue, en attendant de nouvelles lumières, quelques noms d'abbés inconnus jusqu'à présent, et quelques dates tirées de documents authentiques, qui serviront à compléter et à réformer la liste donnée par les auteurs de la *Gallia*. Lorsque nous arrivons aux abbés commendataires, notre catalogue rectifie aussi la date de la succession des abbés de plusieurs autres abbayes du diocèse de Troyes.

---

(1) *Règle de S. Benoist*, Chap. LXIV.
(2) Ibid. Chap. III.
(3) *Statut. Capitul. general.* 1233. Martène, *Anecdot.*, t. IV, col. 1357.
(4) *Statut. Capitul. general.* 1280. Martène, ibid. col. 1473-1479.
(5) *Nomasticon Cisterc.* p. 327.

I.   — Raoul, 1120 (1), 1128 (2), 1129 (3). Nous
         ferons remarquer, contrairement à l'as-
         sertion de la *Gallia*, que Raoul et ses suc-
         cesseurs, de l'ordre des chanoines régu-
         liers, portent dans tous les titres le nom
         d'abbés.

II.   — Rogier, 1124. Nous ne savons pas ce qu'il
         faut penser de cet abbé, cité sans preuve
         par Desguerrois. Il place à la même année
         Raoul, d'après la charte de Matthieu,
         cardinal légat ; mais nous avons rectifié
         la date de cette charte qui est de
         1129 (4).

III.   — Martin, 1141 (5).
IV.   — Gérard, 1145 (6), 1148 (Desguerrois).
V.   — Thierry, encore abbé au commencement de
         l'an 1152 (7).
VI.   — Raoul, fin de l'année 1152 (8), 1153 (9).
VII.   — Gérard, entre 1153 et 1155 (10).
VIII.   — Raoul, 7 mars 1155 (11), 1157 (12),

---

(1) Cart. nº 1.

(2) Archiv. Haute-Marne, Boulancourt. *Charta Hattonis, episcop
Trec.* origin. 3ᵉ liasse.

(3) Ibid. *Charta Matthæi, cardinal.* Boulancourt, origin. 3ᵉ liasse
— Cartul. nº 4.

(4) Voir plus haut, ch. I.

(5) *Gallia Christ..* t. XII, *Instr.* col. 262.

(6) Cartul. nº 8.

(7) Archiv. Haute-Marne, Chapelle-aux-Planches, 2 chartes originales de 1152.

(8) Cartul. nº 20.

(9) Archiv. Haute-Marne, Chapelle-aux-Planches, origin.

(10) Archiv. Haute-Marne, Boulancourt, 1ʳᵉ liasse. *Charta Henrici
episcopi Trecensis.*

(11) Ibid. origin. *Bulla Adriani IV.*

(12) Cartul. nºˢ 35-38.

1158 (1), 1159 (2), 1160 (3).

IX.   — Robert, (1148-1162), à qui Pierre, abbé de Montier-la-Celle, adressa une lettre (4).

X.   — Odelins, vers l'an 1168 (5).

XI.   — Thierry, 1178 (6), 1182 (7).

XII.   — Milon, 1186 (8), 1187 (9). — En 1192, le siége abbatial était vacant. Viard administrait en qualité de prieur (10).

XIII.   — N.... prêta serment d'obéissance à Barthélemy, évêque de Troyes, mort le 20 février 1193 (11).

XIV.   — Léon, 11 mai 1198 (12).

XV.   — Jean prête serment d'obéissance à Garnier, évêque de Troyes (13); il reçoit une donation en 1200 (14).

---

(1) Archiv. Haute-Marne, Boulancourt, origin. 3e liasse. *Charta Henrici, comitis Trecens.* — *Charta Henrici episcopi Trecens.* Cartul. no 41.

(2) Cartul. n° 47.

(3) *Gallia.* Ibid.

(4) *Epist. Petri Cellensis.* L. II, 9.

(5) Cartul. nos 24-25. 2 chartes de Henri, évêque de Troyes, concernant l'Eglise et les dîmes de Perthe-en-Rothière. La *Gallia* paraît placer avec raison cet abbé vers l'an 1168.

(6) Cartul. no 92.

(7) Archiv. Haute-Marne, Chapelle-aux-Planches. *Charta Simonis, Belli fortis,* origin.

(8) Cartul. de Basse-Fontaine. p. 9, chez M. Chavance, à Brienne-Napoléon.

(9) Cartul. no 103.

(10) Archiv. Haute-Marne, Boulancourt. *Charta Bartholomæi episcopi Trecens.* origin. 4e liasse.

(11) *Pontificale S. Lupi,* ad calcem. Au trésor de la cathédrale de Troyes.

(12) Archiv. Haute-Marne, Boulancourt, *Bulla Innocentii III.* origin. 1re liasse.

(13) *Pontificale* citatum.

(14) Cartul. no 139.

XVI.   — Bernard, dès le mois de septembre de l'an
                  1200 (1).

XVII.   — Evrard, 1203 (2), 1205 octobre (3),
                  1208 (4).

XVIII.   — Robert, février 1215 (5).

XIX.   — Thomas, mars 1217 (6), août 1218 (7),
                  janvier 1221 (8).

XX.   — Thibaut, cousin d'Olivier, seigneur de Dros-
                  nay, 1223 (9), 1226, 1228 et 1229 (10).

XXI.   — R..., en 1240 (11).

XXII.   — Henri, de 1247, février, à 1266, juillet (12).

XXIII.   — Sévère, mai 1301.

XXIV.   — Jacques mourut en 1304, le 5 août.

XXV.   — Hugues, mort le 8 mai 1338 (13).

XXVI.   — Hugues, 1344 (14).

XXVII.   — Albéric ou Aubry, 1347, 2 novembre (deux
                  actes importants à la suite de l'obituaire,
                  dans le Cartulaire).

XXVIII.   — Jean, 8 août 1350 (15).

-----

(1) Cartul. nᵒ 455.
(2) *Gallia*, ibid.
(3) Cartul. nᵒ 145.
(4) Ibid. nᵒ 102.
(5) Ibid. nᵒ 173.
(6) Ibid. nᵒ 177.
(7) Archiv. Haute-Marne, Boulancourt, origin. 3ᵒ liasse.
(8) Montiéramey.
(9) Cartul. nᵒ 234.
(10) *Gallia*. Ibid.
(11) Ibid.
(12) Archiv. Haute-Marne, Chapelle-aux-Planches, *Vidimus* de
1287. *Wilhelmus abbas Dervensis.* — Cart. nᵒ 405.
(13) *Gallia*. Ibid.
(14) Archiv. Haute-Marne, Boulancourt, 1ʳᵉ liasse. *Vidimus* de la
charte de Henri, évêque de Troyes. 1155.
(15) Cartul. nᵒ 455.

XXIX. — Jean, après 1390 (quand les religieux furent rentrés dans l'abbaye), prête serment de fidélité à Pierre d'Arcis, évêque de Troyes (1).

XXX. — Matthieu prête serment d'obéissance à Etienne de Givry, évêque de Troyes, du 20 octobre 1395, au 26 avril 1426 (2).

XXXI. — Jean de Giffaumont prête serment d'obéissance à Jean Léguisé, évêque de Troyes, 1426 à 1448 (3).

XXXII. — Jean de Moncets était abbé le 28 mars 1448 (4). Il prêta serment d'obéissance à Jean Léguisé, évêque de Troyes (5).

XXXIII. — Jean Meulet prêta serment d'obéissance à Louis Raguier qui fut évêque de Troyes, du 3 décembre 1450 au 27 novembre 1463 (6); Jean Meulet signe une procuration le 8 avril 1453 (7).

XXXIV. — Oger (Ogerius de Seranca) prête serment d'obéissance à Louis Raguier, évêque de Troyes, après Jean Meulet, et avant Drouin d'Autun (8).

XXXV. — Drouin d'Autun prête serment d'obéissance à Louis Raguier, le 27 novembre 1463 (9). Il est encore abbé le 16 décembre 1469 (10).

---

(1) *Pontificale* citatum.
(2) Ibid.
(3) Ibid.
(4) Cartul. n° 487.
(5) *Pontificale* citatum.
(6) Ibid.
(7) Cartul. n° 491.
(8) *Pontificale* citatum.
(9) Ibid.
(10) Cartul. n° 490.

XXXVI. — Jean de Fléguières prête serment d'obéissance à Louis Raguier, évêque de Troyes, le 25 mars 1479 (1).

XXXVII. — Jean de Jeuden prête serment d'obéissance à Louis Raguier le 22 juillet 1481 (2). Nous le retrouvons dans notre cartulaire en 1484, 1485, 1490, 1502 (3).

XXXVIII.— Pierre Picard, 18 novembre 1511 (4). Il mourut le 22 septembre de l'année suivante (5).

XXXIX. — Nicole Picard de Hampigny fut élu abbé, le jour de Saint-Jean l'Evangéliste, de l'an 1512. D'après son épitaphe, il gouverna son abbaye pendant trente-six ans et trois mois, et mourut le 5 mars 1554 (6). Mais les années de son gouvernement doivent partir du jour de son intronisation canonique; car il signe encore un bail le 11 octobre 1548 (7). Il est le premier abbé mitré de Boulancourt. Le pape Paul III lui conféra ce droit honorifique par un bref en date du 21 juillet 1535 (8).

XL.   — Guillaume de l'Aubespine. Nous donnons cet abbé sur l'autorité de la *Gallia* (9); mais s'il a été abbé de Boulancourt, on ne peut le placer entre Nicole Picard et Elion d'Amon-

---

1) *Pontificale citatum.*
(2) Ibid.
(3) Cartul. nᵒˢ 500, 513, 622.
(4 Ibid. nᵒ 521.
5) Ex. *Necrolog.* — *Gallia.* Ibid. col. 608. B.
6. *Gallia.* Ibid. On connaît sur ce point l'erreur de Camusat, de Desguerrois, et des premiers auteurs de la *Gallia.*
(7) Cartul. nᵒ 607.
(8) Ibid, nᵒ 581.
9. *Gallia.* Ibid.

court; car ce dernier, « par permutation avec Nicole Picard, était pourvu de l'abbaye avant la fête de Saint-Martin d'hiver, 1548 (1). »

XLI. — Elion d'Amoncourt, auparavant religieux de Saint-Martin-ès-Aires de Troyes, reçut la bénédiction au mois de décembre 1549 (2). Le 31 mai, il agissait comme abbé (3). Il signait en 1568, le 25 juin, les « sermens des associés de la ligue chrestienne et roiale du diocèse de Troyes (4). » En 1573, devenu abbé de Saint-Martin-ès-Aires et prieur de Fouchères, Elion d'Amoncourt se retire à Troyes, et prend jusqu'à sa mort, en 1582 (5), le titre d'ancien abbé, de maître-administrateur ou d'administrateur perpétuel, de pensionnaire pour la moitié des fruits de l'abbaye de Boulancourt.

Les trois abbés qui suivent sont fidéicommendataires ; ils ne sont pas institués canoniquement et ne résident pas (6).

XLII. — Dom Robert de Saint-Claude, sieur de Sautour, paraît, dans tous les actes, comme abbé de Boulancourt, à partir du 4 juin 1575. Il mourut à Troyes pendant les derniers troubles de la Ligue (7). Après lui, on trouve comme abbé :

---

(1) Cartul. nᵒ 640.
(2) *Gallia.* Ibid.
(3) Cartul. nᵒ 612.
(4) *Mémoires de Claude Haton,* t. II, p. 1152.
(5) Cartul. nᵒ 860. En 1587, selon la *Gallia.*
(6) Cartul. nᵒ 725.
(7) Cartul. nᵒ 1110.

XLIII.   — Dom Honoré Marlot, dès le 7 décembre
           1596, et les années suivantes jusqu'au
           11 juin 1601. Des lettres royaux, du
           28 octobre 1602, nous apprennent que
           l'abbaye « était vacante par la résignation
           de frère Honoré Marlot, prêtre et religieux
           au dit Troyes, nommé à la dite abbaye,
           après le décès du dit Robert de Saint-
           Claude (1). »

XLIV.   — Dom Claude de la Monstre succéda à Hono-
           ré Marlot. Il ne tint l'abbaye que six mois.
           Il était mort avant le 15 mars 1604 (2).

XLV.   — Etienne de Vienne, religieux profès de Cî-
           teaux, fils d'Antoine de Vienne, greffier
           au siège royal de Troyes, « fut successive-
           ment ordonné sous-diacre le 21 septem-
           bre 1602, diacre le 21 décembre 1602,
           prêtre le 22 mars 1603, à Paris, par le
           cardinal de Gondi. Le 31 mars 1604, il
           était pourvu par le roi de l'abbaye de
           Boulancourt, vacante par la mort de Dom
           Claude de la Monstre (3). » Il ne fut
           pourvu en cour de Rome que le 24 avril
           de la même année; il prit possession le
           17 mars 1605, et reçut la bénédiction à
           Clairvaux, le dimanche 23 avril 1605, des
           mains de l'abbé Denis l'Argentier (4).
           Etienne de Vienne, dernier abbé régulier,
           mourut peu avant le 29 octobre 1615 (5);

---

(1) Cartul. no 856.
(2) Ibid. no 860.
(3) Ibid. no 861.
(4) Ibid.
(5) Ibid. no 910.

tous ses successeurs sont abbés commandataires.

XLVI.   — Ferry de Choiseul du Plessis-Praslain. Il paraît dans un acte du 15 octobre 1616 et il est dit « nommé par le roi aux abbayes de Saint-Martin-ès-Aires de Troyes et de Basse-Fontaine, conseiller et aumônier du roi. » Ferry de Choiseul, clerc du diocèse de Soissons, prit possession, par procuration, le 13 février 1617, après avoir été pourvu en cour de Rome. Dans l'acte de prise de possession, on trouve sept religieux profès et deux novices (1). Par provision du 25 mai 1624, le pape Urbain VIII ajoute, aux trois abbayes de Ferry de Choiseul, celle de Chante-Merle, à laquelle il était nommé par le roi, à la suite de la démission de Jean Gobinet. On voit par cette dernière bulle que Ferry de Choiseul avait été nommé fort jeune à l'abbaye de Boulancourt; car, le 25 mai 1624, il n'avait que 20 ans (2). En 1629, il céda l'abbaye à son frère Gilbert (3).

XLVII.   — Gilbert de Choiseul du Plessis-Praslain prend possession en l'an 1630. Évêque de Comminges (province d'Auch), le 23 mai 1644, puis de Tournai, le 5 janvier 1671. Il conserva l'abbaye jusqu'en 1662. Il la céda cette année même (4), à son neveu, François Malet de Graville de

(1) Cartul. no 916.
(2) Ibid. no 925, 926.
(3) *Gallia*. Ibid.
(4) Cartul. nos 938, 971, 1042. — *Gallia*, ibid.

Drubec, fils de Jean Malet et de Madeleine de Choiseul.

XLVIII. — François Malet de Graville de Drubec. Il paraît pour la première fois dans notre Cartulaire, comme abbé de Boulancourt, dans un titre du 12 octobre 1662 (1), et le dernier acte en son nom est du 20 février 1700 (2). Il mourut à Rouen en 1701.

XLIX. — Jean de Catelan. Dans un titre du 23 juillet 1701, il figure comme abbé et lecteur du duc de Bourgogne (3). Intronisé évêque de Valence, le 15 août 1705, il garde l'abbaye jusqu'à sa mort, en 1725 (4).

L. — Jean Marie de Catelan, neveu du précédent, désigné à l'abbaye par le roi, prit possession, le 3 août 1725. Nommé à l'évêché de Rieux (province de Toulouse), au mois d'octobre 1747, il prit possession, le 28 avril 1748 (5).

LI. — Nicolas Regnauld, grand-archidiacre de Paris, reçut sa nomination à l'abbaye de Boulancourt, le 29 octobre 1747, et fit prendre possession, par le sieur Labouré, curé de Maisières, le 7 février 1748 (6). Le dernier titre, dans lequel il figure, est du 11 février 1761 (7). Il mourut à Paris, le 22 août de la même année, à l'âge de 79 ans.

---

(1) Cartul. nᵒ 971.
(2) Ibid. nᵒ 1022.
(3) Ibid. nᵒˢ 1023 et 1024.
(4) Ibid. nᵒ 1155.
(5) Ibid. nᵒˢ 1156, 1171.
(6) Ibid. nᵒ 1171.
(7) Ibid. nᵒ 1213.

LII.   — Jean Antoine de Castelane, dernier abbé de
Boulancourt, était vicaire général de
Chartres, quand il fut nommé à l'abbaye
par le roi, le 1er novembre 1761. Dans un
titre du 12 janvier 1771, il figure comme
évêque nommé de Lavaur (province de
Toulouse). Il prit possession de son évêché,
le 7 juillet de la même année, et conserva
son abbaye jusqu'à la Révolution. Le dernier titre où on le trouve mentionné est du
14 avril 1779 (1).

§ II.

Les principaux officiers monastiques, après l'abbé qui les
nommait tous, étaient, à Boulancourt, comme dans toutes les
abbayes cisterciennes. Rappelons seulement ceux qui existè-
rent jusqu'aux derniers jours de l'abbaye :

Le *Prieur* qui remplaçait l'abbé, en cas d'absence ou
d'empêchement, dans l'administration soit spirituelle, soit
temporelle de l'abbaye (2). Quand l'abbaye de Boulancourt
tomba en commende, le prieur, à la tête des religieux, se
porte souvent comme défenseur des intérêts de la communauté contre l'abbé.

Le *Sous-Prieur* suppléait le prieur, en cas d'absence, et
lui aidait dans l'accomplissement des devoirs de sa charge (3).

Le *Chantre* dirigeait le chœur; il pouvait être bibliothé-
caire et archiviste.

Le *Sacristain* s'occupait de la sacristie, des vases sacrés,
des ornements, en un mot des divers objets nécessaires au
culte, et veillait à la propreté du lieu saint (4).

---

(1) Cartul. nos 1221, 1225.
(2) *Nomastic. Cisterc.* p. 230-231, p. 327.
(3) Ibid. p. 231-232.
(4) Ibid. p. 233-234.

Le *Maître des novices* étudiait, pendant un an, la vocation des sujets aspirant à la vie religieuse, et il les initiait et les formait aux devoirs de cette vie (1).

Le *Cellerier* était, d'une manière générale, sous l'autorité de l'abbé, chargé de l'administration financière de l'abbaye (2). Aux xvi° xvii° et xviii° siècles, il porte, à Boulancourt, le nom de *Receveur* et de *Procureur;* dans les documents, il est nommé après le prieur, tantôt avant, tantôt après le chantre.

Le *Portier*, chargé d'ouvrir la porte aux pèlerins, aux pauvres et aux voyageurs, était chargé de la distribution des aumônes, en argent et en nature, prescrites par la règle (3), et des revenus provenant des donations faites à la porte pour l'aumône.

Nous croyons devoir citer ici une ordonnance de l'abbé de Clairvaux, relative au nombre des officiers monastiques, à leurs vêtements et à leur nourriture, et aux dépenses ou charges claustrales :

« Frère Denis l'Argentier, abbé de Clairvaux,....... depuis naguère arrivé le décès de Etienne de Vienne, abbé de Boulancourt, les religieux nous auraient présenté requête, disant qu'aussitôt le décès arrivé, les officiers de justice auraient saisi tout le revenu de l'abbaye, sans leur laisser pour leur vivre et vestiaire, nous requérant d'y pourvoir, et régler le petit nombre de religieux *qui y sont pour faire l'office,* que le revenu étant en beaucoup meilleur état que du passé, par le bon ordre du défunt abbé, il serait possible de rétablir le nombre de 14 religieux et 3 frères convers qui étaient peu de temps après les troubles du royaume, et nous auraient présenté un état au vrai du revenu de l'abbaye. Nous avons ordonné que le nombre de 14 et 3 frères sera rétabli dans ledit monastère.

---

(1) *Nomastic.* p. 218.
(2) *Regula* I° *S. Benedicti.*
(3 *Nomastic Cisterc.* p. 239, 242, 243.

» Pour le pain desquels sera donné pour chacun 3 septiers de froment par an, et pour la pitance de chair, poisson, œufs, sel, beurre, huile, vinaigre, sera donné pour chacun 3 sols tournois par jour (1).

» Pour le vin, chacun 3 muids de vin, bon et loyal, moisson de Bar-sur-Aube.

» Pour le Carême et Avent 300 carpes, 4 bichets de pois et 4 bichets de fèves.

» Pour les récréations du couvent et bons jours de l'année, 2 muids de vin et 40 chapons (2).

» Pour leur vestiaire qui consiste en coule, robe, scapulaire, pourpoint, saies, chemises, chausses, souliers, bonnets, ceintures, et pour acheter du papier, encre et autres menues nécessités, sera donné pour chaque prêtre 36 livres, et les non prêtres chacun 20 liv. (3).

» Pour le prieur, faisant la charge abbatiale, pour dire les messes et avoir moyen de porter décemment les charges de son office, et s'entretenir plus honnêtement, sera donné, selon la coutume de l'Ordre, double portion de prébende en blé, vin, pitance et argent, et 40 livres pour un serviteur.

» Pour le sous-prieur, sera donné 12 livres.

» Pour le chantre, sera donné 6 livres.

---

(1) Pendant plusieurs siècles, les maisons cisterciennes conservèrent l'abstinence totale de la viande; mais le relâchement s'étant introduit peu à peu, il fut réglé par les articles de Paris, en 1493, que l'usage de la viande serait permis le dimanche, le mardi et le jeudi, excepté le temps de l'Avent, de la Septuagésime, du Carême et les Rogations. (Nomastic Cisterc. p. 679.)

(2) On voit que les religieux étaient loin des habitudes cisterciennes du XIIe siècle. (Etudes..., par d'Arbois, C. VI, p. 114.)

(3) La coule, vêtement de dessus, large, à manches, avec un capuchon et descendant aux talons; la robe, ou tunique, vêtement intérieur, étroit, et descendant à mi-jambe; pour le travail, on remplaçait la coule par le scapulaire, qui couvrait la tête et les épaules seulement; le pourpoint ou manteau ne fut permis, même aux abbés, que par les articles de Paris, en 1493 (Nomastic Cisterc., p. 683). La saie était une tunique courte pour le travail.

» Pour le régent, maître des novices, 20 livres.

» Pour un serviteur séculier, 2 septiers de froment, 2 muids de vin, 2 sols de pitance par jour, et 12 livres pour gages.

» Pour la nourriture du barbier, qui doit faire tous les 15 jours les couronnes, et rendre des services, 1 septier de froment, 1 muids de vin, et 12 livres tournois pour gages (1).

» Pour le chauffage du couvent, du four, de l'infirmerie et de la cuisine, auront, par an, 100 cordes de bois, 6000 fagots, charroyés dans leur bûcher gratis.

» Pour l'infirmerie, les médicaments et les salaires des médecins, apothicaires et chirurgiens, pour chacun 60 liv. (2).

» Pour la fourniture du luminaire en cire et huile, cordes des cloches, une lampe toute la nuit au dortoir, 30 livres par an.

» Pour le sacristain, 12 livres.

» Pour l'entretien du linge d'église, réfectoire, ustensiles, 12 liv.

» Pour l'hospitalité, réception des visiteurs, les personnes de l'Ordre, parents des religieux, ecclésiastiques passants, autant que pour un religieux, en argent, blé et pitance.

» Pour l'aumône générale du jeudi *absolut*, par chacun an, 5 septiers de froment; pour les aumônes ordinaires, un boisseau par semaine.

» Pour acheter des livres de dévotion pour la communauté,

---

(1) Primitivement, les religieux des abbayes cisterciennes se rasaient sept fois l'an (*Nomastic. Cistere.* p. 101.); puis neuf fois l'an, à partir de 1191 (Ap. Martène, *Anecdot* t. IV, col. 1270); douze fois, en vertu du chapitre général de 1257. Enfin, au chapitre général de 1294, il fut statué que les religieux se raseraient tous les quinze jours (Ap. Martène, *Anecdot.* t. IV, col. 1407. 1488 .

(2) D'après les usages cisterciens, l'infirmier devait être religieux, ainsi que le médecin (*Nomastic. Cistere.* p. 201, 237, 269); mais à partir du xive siècle, le médecin, à Boulancourt, n'est plus un religieux.

et afin de remeubler peu à peu la librairie, sera donné 12 livres par an.

» Pour chaque religieux, 3 livres de chandelle de suif.

» Item jouiront les dits religieux de tout l'enclos du monastère, du colombier et de la basse-cour.

» Toutes lesquelles choses seront prises et prélevées sur le plus clair du revenu, et se paieront en deux termes.

» Donné à Clairvaux, le 29 octobre 1615, sous notre seing manuel et notre grand sceau (1). »

CHAPITRE III.

Biens de l'Abbaye.

§ I. Nature de ces biens. — § II. Topographie. — § III. Formation, développements, décadence de la propriété de l'abbaye.

§ I.

Nous nous étendrons peu sur la nature des biens de Boulancourt. On en connaît déjà les principaux. D'ailleurs, on les trouvera la plupart énumérés ci-dessous, § III, dans les donations, acquisitions, procès, baux et inventaires. Nous les énoncerons seulement. La plus belle part des biens des abbayes sont les paroisses et les prieurés; or, la règle cistercienne les défend (2). Toutefois, lorsque des abbayes possédant des paroisses s'affiliaient à l'ordre de Cîteaux, elles pouvaient garder leurs paroisses (3). Boulancourt conserva jusqu'à la Révolution la présentation à la cure de Perthes-en-Rothière, qu'elle tenait de la concession de Philippe, évêque de Troyes (4). On lit dans le *Pouillé* de 1761 :

1) Cartul. n° 910.

2) On voit bien quelques prieurés cisterciens; mais c'est dans les siècles de décadence.

3) Martène, *Anecdot.* col. 1363.

4) Cartul. n° 24, 590.

Perthe, collateur et seigneur, l'abbé de Boulancourt.
— Communiants. 100. — Revenu, 500 l.

Les principaux biens de l'abbaye de Boulancourt peuvent
se diviser en biens fonds et en redevances seigneuriales actives, que percevait l'abbaye, ou en redevances seigneuriales
passives, dont elle était exempte.

Les biens fonds sont de tout genre : granges (plus tard
appelées fermes), maisons, jardins, terres, prés, bois, vignes, étangs, rivières, chemins, sentiers, chaussées, gre-
niers, pressoirs, moulins et fours banaux, bien que les moulins et fours banaux fussent interdits par la *Charte de
Charité* (1); mais Boulancourt jouissait de ces biens avant
de passer à l'ordre de Cîteaux. Les principales propriétés
foncières de l'abbaye de Boulancourt étaient groupées autour d'un centre qu'on appelait *Grange*. Les granges, appartenant à la première fondation de Boulancourt, sont :
Froide-Fontaine, Perthe-en-Rothière, Perthe-Edmond,
Perthe-Sèche, Domprot, le Breuil, Pel-et-Der (2), auxquelles il faut ajouter les granges d'Arlette, de Morancourt et
de Taillebois, acquises de 1170 à 1192 (3). Nous parle-
rons plus tard de la grange de Meixericourt. Ces granges
étaient exploitées, au xii° et au xiii° siècle, par des frères
convers, sous la direction d'un maître (4); elles avaient leur
chapelle (5), leur dortoir, leur réfectoire, leur chauf-
foir (6); mais on ne pouvait y célébrer la messe (7). Il n'y

---

(1) Ch. 15.

(2) Voir la 1re Charte de l'évêque Henri, plus haut, seconde part.
ch I. § 3. p. 116.

(3) Voir plus bas, § III.

(4) Cette organisation fut établie dans la dernière grange, fondée
à la fin du xii° siècle, par les religieux de Boulancourt; car, en
1213, frère Humbert était maître de la Neuve-Grange, et il est té-
moin d'une donation avec frère Evrard, convers Cartul. n° 201.

(5) *Biblioth. patr. Cisterc.* t. II, 206.

(6) *Nomastic. Cisterc.* 359.

(7) *Stat. cap. gener. Cisterc.* 1180 et 1204. Ap. Martène. *Anecdot. IV.* 1252, 1300.

avait point de cimetières dans les granges (1); pour assister
à la messe le dimanche, les convers devaient donc se rendre
à l'abbaye ; aussi les granges cisterciennes n'étaient-elles
jamais très-éloignées des abbayes. Un statut de 1152 défend
d'établir une grange à plus d'une journée de l'abbaye (2).
Sur la fin du xiii° et surtout au commencement du xiv° siècle,
lorsque l'abbaye de Boulancourt, comme les autres abbayes,
ne trouva plus assez de frères convers pour l'exploitation
des granges, elle les donna à des fermiers séculiers (3),
et l'on voit qu'elle fournissait à ces fermiers un ou plusieurs
frères convers pour les besoins de l'exploitation. Dès le
xv° siècle, la plupart des fermes de l'abbaye furent morce-
lées en gagnages.

Rappelons maintenant les principales redevances seigneuriales actives, que percevait l'abbaye de Boulancourt, et les
redevances passives, dont elle était affranchie, comme on
le verra plus loin :

1°. La justice haute, moyenne et basse, avec les droits et
amendes qui s'y rattachent;

2°. Les dîmes. Malgré la *Charte de Charité,* l'abbaye
de Boulancourt percevait les dîmes du travail d'autrui,
dîmes qui lui avaient été données avant son annexion à
l'ordre de Cîteaux. D'ailleurs, Philippe, évêque de Troyes,
lui avait accordé, en 1120, dans une charte datée de Veze-
lai, l'exemption de toutes les dîmes paroissiales (4) ;

3°. Les rentes foncières ou cens, seules rentes connues
au moyen-âge dans les communautés religieuses;

4°. Le droit d'usage pour les religieux et leurs bestiaux,
aux environs de leurs granges, dans les bois et sur les terres

---

(1) *Stat. cap. gener. Cisterc.* 1190. Ap. Martène, *Anecdot. IV.*
1267. — *Nomastic. Cisterc.* 278, 499.

(2) Apud Martène, *Anecdot. IV.* 1244.

(3) *Stat. cap. gener. Cisterc.* 1261, 1262. Ap. Martène, *Anecdot. IV.* 1418, 1421. — *Nomastic*, p. 564.

(4) Cartul. n° 1.

des comtes de Champagne et de Brienne, des seigneurs de
Beaufort, des sires de Joinville et de beaucoup de petits
feudataires.

5°. Des droits de mouture et des droits de four en plusieurs localités, et le droit de chaussée à Valentigny.

6°. L'abbaye de Boulancourt était exempte d'une foule
de redevances. Le transit des marchandises était soumis,
au moyen-âge, sur les terres du plus petit seigneur, à des
droits multipliés et souvent excessifs. Ces droits, sous le nom
de péage, rouage, portage, entrage, frappaient nécessaire-
ment toute espèce de denrée commerciale en circulation. Au
xii° siècle et au xiii°, les seigneurs accordèrent de nombreuses exemptions à Boulancourt; et enfin, le 7 octobre
1256, le pape Alexandre IV octroya à tout l'ordre de Cîteaux une exemption générale de ces droits (1).

7°. Droits d'amortissement. D'après un principe général
du droit féodal, toute acquisition faite par un établissement
religieux, sans le consentement du suzerain, était nulle, et
c'était une règle générale que tous les établissements religieux, en cas d'acquisition, payaient au suzerain, une indem-
nité que plus tard on appela droit d'amortissement. L'abbaye de Boulancourt reçut plusieurs exemptions totales ou
partielles du droit d'amortissement; mais elle paya aussi
beaucoup de ces droits.

8°. Boulancourt devait le past à l'évêque de Troyes; elle
était exempte de la visite (2).

9°. L'abbaye donnait aux comtes de Champagne l'oné-
reuse hospitalité connue sous le nom de droit de gîte; mais

---

(1) Archiv. Aube, origin.

(2) On lit dans le *Pouillé du diocèse de Troyes*, de 1407 : « *Abbas
de Bullencuriâ, exemptus, debet pabulum.* p. 188. » — Item, *Pouillé*
édité en 1612 par Camusat, chez Griffard, fol. 20 r°. — Item,
Pouillé de 1761, in-fol., p. 62, au Secrétariat de l'évêché. — Item,
Pouillé manuscrit de Morel, p. 200, Biblioth. de Troyes, 275 *(er.* — Ce
manuscrit et plusieurs autres, au lieu de *pabulum*, portent *patibu-
lum*, étrange distraction de copiste.

en cela le comte usait-il d'un droit, ou les religieux fai-
saient-ils acte de pure courtoisie? Voici ce qu'on lit dans un
rôle des *Gistia* des comtes de Champagne : « et est assa-
voir que, en toutes les abbayes blanches de l'ordre de Cis-
teaux, li seigneurs de Champaigne ont accoustumé de venir
une fois l'an, quant il li pleest, aux coustances de l'abbaye ;
mais cil de l'ordre dient qu'ils ne sont pas tenu de rece-
voir à leurs coustances fors de grâce (1). »

§ II.

Presque tous les biens de l'abbaye étaient dans le département actuel de l'Aube. Nous ne préciserons le lieu que
quand il s'agira des départements voisins.

Arambécourt, Arsonval, Aulnay, Avant, Bailly-le-Franc,
Bar-sur-Aube, Beaufort (plus tard Montmorency), Blignicourt, Bossancourt, Boulancourt, Braux, Brebant (Marne,
canton de Sommepuis), Breviande, Brevonne, Brienne-le-
Château, Brienne-la-Vieille, Bussy-aux-Bois (Marne, can-
ton de Saint-Remy-en-Bouzemont), Chaise (la), Châlons
(Marne), Chappes, Chapelaine (Marne, canton de Somme-
puis), Chaumesnil, Chavanges, Saint-Christophe, Cléreuil
(ou Pars), Coole (Marne, canton de Sommepuis), Corbeil,
Deuilly, Dienville, Dolmans, Doulevant-le-Petit (Haute-
Marne, canton de Vassy), Drosnay (Marne, canton de Saint-
Remy-en-Bouzemont), Epothémont, Ferrières, Fligny,
Fontenay, Gigny (Marne, canton de Saint-Remy-en-Bouze-
mont), Hampigny, Jasseines, Jaucourt, Joncreuil, Juvanzé,
Juzanvigny, La Brau, Lassicourt, Lentille, Lesmont, Lon-
geville (Haute-Marne, canton de Montiérender), Luyères,
Maizières, Margerie (Marne, canton de Saint-Remy-en-Bou-
zemont), Sainte-Maur, Meixtiercelin, Mesnil-Lettre, Mes-

---

(1) Biblioth. imp. *Collect. de Champagne*, t. 136, p. 334. — D'Arbois de Jubainville, *Histoire des Comtes de Champagne*, t. II, *Documents*, p. 62.

nil-Saint-Père, Montmorency (autrefois Beaufort), Montreuil, Morancourt (Haute-Marne, canton de Vassy), Morcée, Mores, Mothe, La Neuville (*Nova villa*, autrefois paroisse dépendant de Saint-Christophe, maintenant Puteville), La Neuville-aux-Forges (Haute-Marne), Outines (Marne), Parres, Pel-et-Der, Perthe-en-Rothière, Petit-Mesnil, Ramerupt, Rance, Rosnay, la Rothière, Saint-Léger-sous-Brienne, Saint-Léger-sous-Margerie, Soinsois, Trannes, Trouan, Troyes, Unienville, Valentigny, Vassy, Vauchonvilliers, Vernonvilliers, Villeret, Voil-le-Comte, Yèvres.

§ III.

Comme nous l'avons vu plus haut (Ch. I, § III et IV), la première dotation de Boulancourt tire son origine de la charité, et les donations constituent l'élément primitif et principal de ses propriétés.

XIe, XIIe siècle.

Dès la fin du xie siècle et le commencement du xiie, on trouve donc l'emplacement de l'abbaye avec ses limites, telles que nous les avons données (ch. I, § II) : la grange de Froide-Fontaine, tout proche de l'abbaye, la plus considérable et la plus riche de ses granges avec celle de Perthes-en-Rothière, au village du même nom; la grange de Perthes-Edmond (1), entre Montmorency et Labrau (dans le bail du 29 mars 1601, les biens de cette grange, d'un seul tenant, comprennent encore 400 jornels) (2); la grange de Perthes-Sèche (3), sur le territoire de Yèvres (en 1559,

---

(1) Cette grange porte, dans les titres de l'abbaye, les noms suivants : *Perta Edmundi, Pertha Aimonis, Perthe Huimon, Perthe Aymon.*

(2) Cartul. n° 851.

(3) *Perta-Sicca, Perthe-Soiche.*

elle contenait encore 300 arpents) (1); la grange de Dom-
perot (2); la grange du Breuil (3), sur le territoire de Juvanzé. La dernière grange, acquise par les chanoines réguliers de Boulancourt, est celle de Pel-et-Der, appelée plus
tard la Rouge-Grange (4) qui leur fut donnée en 1145 par
Robert, chevalier de Pel, sous le sceau de Henri, évêque de
Troyes (5). La propriété de Boulancourt était formée dès
cette époque, et les donations ou acquisitions subséquentes
ne firent que développer ce noyau.

Le XII° siècle est la plus belle période de la vie temporelle, comme de la vie spirituelle de l'abbaye. Parmi les
137 pièces du cartulaire concernant cette époque, 80 renferment des donations ou concessions de droits et priviléges.
20 environ contiennent des actes de rachat de cens dont
certaines propriétés de Boulancourt étaient grevées, ou
d'acquisition du domaine utile de biens, dont l'abbaye avait
seulement le domaine direct, ou enfin d'acquisition d'im-
meuble quelconque à titre onéreux. Ces sortes d'acquisitions, fruits du travail et de l'économie, constituent le second
élément de la propriété de l'abbaye de Boulancourt.

Rappelons brièvement les principaux accroissements de

---

(1) Cartul. n° 667.
(2) Et Domperet, nous n'oserions affirmer le lieu de cette grange.
(3) Dans les chartes de Boulancourt, comme dans les chartes du
fonds de Clairvaux, aux archives de l'Aube, cette grange est nommée :
Beruilla ou *Bervilla*, 1112, *Buruile*, 1164, *Brulleium*, 1164, *Brul-
lium*, 1179, *Grangia de Bruylle*, 1334, *Bruille*, 1410.
(4) *Grangia de Dervo.* En 1186, cette grange fut transportée à
St-Léger-sous-Brienne, et cédée par Raoul, prieur, du consentement
de Guiter, abbé de Montiérender (Cartul. n° 101). Erard II, comte
de Brienne, accorde à cette grange les mêmes immunités qu'à l'ancienne, avec le consentement d'Agnès de Montbéliard, sa femme, et
de ses deux fils, Gauthier et Guillaume. On ne voit pas ici Jean (3°
fils d'Erard II), qui fut plus tard roi de Jérusalem. (Cfr. plus bas
Taillebois). Jean, abbé de Beaulieu et frère d'Erard, figure parmi les
témoins. (Ibid. n° 102). Cette nouvelle grange s'appellera *Neuville* et
Puteville.
(5) Cartul. n° 8.

la propriété de l'abbaye dans la seconde moitié du xii° siècle.

1158. — Henri-le-Libéral, comte de Troyes, donne à Boulancourt une forge au bois de Vassy et tout ce qui est nécessaire à son usage. Témoins : Guillaume Leroi, maréchal; Eudes d'Arzillières; Benoit de Vitry; Nivelon de Rameru; Renaud, prévôt de Rosnay; Lambert, doyen de Vassy, et Gauthier, prévôt de Vassy (1). Henri ajoute à cette donation, en 1181, cent cinquante *jugera* de terres et bois au même lieu. Marie de France, sa veuve, envoie frère Guillaume, son aumônier, pour l'arpentage. Cette donation est ratifiée par Henri II, fils de Henri-le-Libéral (du 1er au 24 mars 1190), et, après lui, par son successeur Thibaut III. Elle est mentionnée dans la bulle du pape Innocent III (10 mai 1198). Les biens qu'elle concerne sont ainsi désignés : *Forgiæ in finagio novæ villæ prope Vasseium.* En 1301, le jeudi après l'octave de la Trinité, Milon de Jaucourt, seigneur de Neuville-aux-Forges, reconnaît avoir vu les chartes de Henri I, de Henri II et de Thibaut III, et promet d'observer les conditions de ladite donation (2).

1162. — Simon, comte de Beaufort, donne à l'abbaye le bois des Noues, tenant aux limites de l'abbaye et de la contenance de 160 arpents (3).

1170. — Fondation de la grange d'Arlette à Arsonval. La charte-notice de toutes les donations est sous le sceau de Gauthier, évêque de Langres. Les donataires sont : Thibaut d'Arsonval et ses enfants; Gauthier le charpentier, d'Arsonval; Pasquier, de Montier-en-l'Isle; Herbert de Bar. Les biens sont sis à Arlette, à Charmoy, au bois de Chênaie, à Froide-Rive, à Pommeraie, le Moulin-Neuf, le Champ-Aubert, la Garenne (4). Ces donations sont confirmées le

---

(1) Cartul. n° 45.
(2) Ibid. n° 120, 136, 438.
(3) Ibid. n° 565.
(4) Ibid. n° 64.

8 décembre 1173, par le pape Alexandre III (1). La donation d'Herbert de Bar-sur-Aube, concernant les prés, proche
le Moulin-Neuf, a pour témoins : Pierre, doyen de Bar ;
Rolland, curé de Lignol, et Balthélemi, cellerier du comte
Henri de Troyes. — En 1171, Gauthier, évêque de Langres,
du consentement de Gui, archidiacre, et de Hardouin, curé
d'Arsonval, affranchissent la grange d'Arlette des dîmes paroissiales (2). Les quatre vignes d'Arsonval consistaient en
100 hommes dans la vigne à l'Orme, 16 hommes dans la
vigne dite le Bois-de-Perthe, 50 hommes aux vignes blanches, 6 hommes à la côte droite d'Arlette (3).

1191. — Geofroi V, Trouillard, sire de Joinville, sénéchal
de Champagne (4), donne à Boulancourt un emplacement
pour construire la grange de Morancourt, qui sera appelée
Neuve-Grange, du consentement de sa mère Helvide de
Dampierre et de ses frères Guillaume, archidiacre de Châlons (plus tard évêque de Langres, puis archevêque de
Reims), Robert (mort en Sicile), et Simon qui lui succéda
dans la sirerie de Joinville (5). Geofroi renouvela cette donation en 1197, avec la clause que les religieux ne pourront
rien acquérir dans sa seigneurie, sans son consentement (6).

La possession de la grange de Morancourt fut confirmée à
l'abbaye, le 10 mai 1198, par le pape Innocent III (7). La
même année (1198), G., trésorier de l'église de Toul et archidiacre de la Blaise, réclame les dîmes sur la Neuve-

---

(1) Archiv. Haute-Marne, Boulancourt, origin. 1re liasse. Cartul.
n° 77.

(2) Cartul. n° 70.

(3) Ibid. n° 585.

(4) Il faut réformer l'*Art de vérifier les dates*, qui fait succéder,
dans la sirerie de Joinville, Geofroi V à son père Geofroi IV, en 1196
(t. XI. p. 323).

(5) Cartul. nos 121, 122.

(6) Ibid. n° 133.

(7) Archiv. Haute-Marne, Boulancourt, origin. scellé, 1re liasse.

Grange, puis se désiste (1). L'évêque de Toul, Eudes de
Vandémont, confirme cet acte (2). A la grange de Morancourt se rattachait le bois des convers sur le finage de Guin-
drecourt-aux-Ormes, contenant 300 arpents.

1192. — Viard, prieur de Boulancourt (l'abbaye n'ayant
pas alors d'abbé), au nom de la communauté, achète à
l'abbaye de Beaulieu la grange de Taillebois, moyennant
315 livres. — Jean, abbé de Beaulieu, frère de Erard II,
comte de Brienne, déclare le motif de cette vente : la maison de Beaulieu est gravement endettée (*pluribus debitis
aggravata*) (3). Barthelemi, évêque de Troyes, autorise la
vente (4). Gauthier III, comte de Brienne, et ses frères Guil-
lanme et Jean (plus tard roi de Jérusalem), donnent leur
agrément, en 1192 (5). Nous signalons cet acte ; c'est le
plus ancien que nous connaissions, où l'on voit figurer le
nom de Jean de Brienne. Les religieux de Beaulieu essayè-
rent de dégager leur parole, et ce ne fut que le 5 janvier
1207 que le pape Innocent III confirma l'acte de vente (6).

Le 7 mars 1197, le pape Célestin III confirme à Boulancourt (7) la ferme de Meixericourt (Marne, commune de
Margerie, aux confins des finages de Chassericourt et de
Chavanges), qu'ils avaient achetée à l'abbaye de la Chapelle-aux-Planches, alors *aggravata debitis*. — L'année suivante Thibaut III, comte de Champagne, vend cette même
grange (*Merkerelicurtis*) au prieuré de Margerie de l'abbaye

---

(1) Cartul. nᵒ 134.

(2) Cartul. nᵒ 135. Cette date complète la *Gallia*. — Nous avons rappelé ailleurs que l'archidiaconé de la Blaise, enclavé dans le diocèse
de Troyes, appartenait à l'Eglise de Toul. (Voir *Nouvelles Recherches
historiques sur Jully-les-Nonains*, p. 5).

(3) Archiv. Haute-Marne, Boulancourt, origin. 4ᵉ liasse. — Cartul.
nᵒ 124.

(4) Ibid. origin. nᵒ 123.

(5) Cartul. nᵒ 129.

(6) Archiv. Haute-Marne. origin. Cartul. nᵒ 149.

(7) Archiv. Haute-Marne. origin. Cartul. nᵒ 429.

de Cluny, moyennant 1700 liv. (1). Le comte faisait tort à
Boulancourt. C'est pour réparer les torts faits à l'abbaye par
Thibaut, qu'en 1202 (novembre), la comtesse Blanche
donne à Boulancourt 10 liv. à prendre à Bar-sur-Aube, à
la porte de Brienne (2).

On s'étonnera peut-être de voir Boulancourt acheter, en
1192, la grange de Taillebois, et, vers 1196, la grange de
Meixericourt, lorsque le chapitre général de Cîteaux de l'an
1191 avait interdit les achats d'immeubles (3), interdiction
qui fut maintenue jusqu'en 1216 ; mais la raison, qui occa-
sionne la vente, fait que l'achat n'est pas une violation di-
recte du statut de 1191.

XIIIe siècle.

La fortune immobilière de Boulancourt prend des accroissements assez considérables jusqu'après la première
moitié du xiii° siècle ; mais elle commence à décroître à la
fin de ce siècle. Parce que l'abbaye est riche, les donations
deviennent plus rares, et ses biens, qui excitent la jalousie,
lui sont souvent contestés. Parmi les 294 pièces, concernant
cette époque, on trouve en effet une foule d'accords à la
suite de difficultés. Cependant notre cartulaire contient encore 75 donations ; mais, d'un côté, plusieurs de ces donations ne sont que des confirmations de donations antérieures, et quelques-unes, selon l'usage général de cette époque,
ne sont que des ventes déguisées. En effet, l'abbaye donne
en retour aux donateurs une somme d'argent et des ca-
deaux, qui représentent, ou à peu près, la valeur de la donation. D'un côté, la vanité humaine, mêlée à la religion, pré-
férait une forme de contrat qui semblait plus méritoire aux

---

(1) Bibliothèque impériale. *Collection de Champagne*, t. 136.
p. 249.

(2) Cartul. n° 142.

(3) *Stat. Capit. gener. Cisterc.* 1191. Apud **Martène**. *Anecdot.*
t. IV, col. 1272.

yeux de Dieu, et qui, sous une couleur d'aumône, éloignait
l'idée d'un marché fait avec les saints ; d'un autre côté, les
religieux évitaient par là un contrat en opposition flagrante
avec les règlements cisterciens. La première donation de ce
genre est faite en octobre 1247. Jean Damoiseau de Maizières, fils de Gui, chevalier, et du consentement de Reine,
sa femme, donne à Boulancourt des biens près de la grange
de Taillebois, et les religieux, en récompense et pure aumône,
lui donnent 4 setiers de grain qu'ils percevaient annuelle-
ment sur la grange d'Achard, son grand-père (1). On sent
ici l'influence du statut cistercien de 1240, dont l'exécution
allait être suspendue en 1248.

Nous signalons les principaux bienfaiteurs de l'abbaye au
xiiie siècle, sans parler de ceux qui sont déjà connus, ou
dont le nom viendra plus tard.

1203.—Geofroi, seigneur de Douilly, ratifie les donations
faites à Boulancourt par sa mère Gertrude, du consentement
de son père Gérard II, comte de Vaudémont, et de son
frère Hugues (Hugues II, comte de Vaudémont) ; il ratifie
aussi les donations faites par Roger de Joinville, du consentement de Hugues Bardoul, aux environs de l'abbaye et à la
Perthe-Edmond (2). Nous retrouvons encore, dans notre
cartulaire, Geofroi de Deuilly, en janvier 1231, avec Helvide, son épouse, et Guillaume, son fils (3).

1207, avril. — Blanche, comtesse de Champagne, confirme, pour le repos de l'âme du comte Thibaut III, l'aban-
don fait par Jean de Villehardouin et Céline, son épouse, de
leur part dans les dimes de Valentigny et Hampigny (4).

1209. — Aubry de Saint Chéron, chevalier, remet à l'abbaye 20 setiers de grain, qu'il percevait tous les ans sur la

---

(1) Cartul. no 390.
(2) Ibid. no 143.
(3) Ibid. no 288.
(4) Ibid. no 155.

grange de Froide-Fontaine, du consentement d'Oger, son fils, avec l'approbation de Pierre de Valentigny et d'Isabeau sa femme (1).

1210, 1er août. — Simon, sire de Joinville, frère et successeur de Geofroi V Trouillart (mort en Palestine en 1204), du consentement de son épouse Ermengarde, dame de Monteclere, confirme à Boulancourt toutes les acquisitions faites, dans sa seigneurie, au profit de la grange de Morancourt, mais à condition que désormais, aux termes du contrat de fondation de la susdite grange, ils n'acquerront plus rien sans son consentement (2); en 1222, nouvelle confirmation par le même (3).

1218, 16 juillet. — Jean, seigneur de Neuilly, fils de Vilain, seigneur de Neuilly, partant pour la Terre-Sainte, confirme la donation faite par son père d'un muid de froment, à prendre tous les ans au Mesnil-Lettre, pour le repos de l'âme de Odette, sa mère. Guillaume de Vergy, son beau-frère, en vendant la dot de sa femme, ne pourra toucher à cette donation.

1224, octobre. — Thibaut IV, comte de Champagne, confirme toutes les donations faites à Boulancourt, du vivant de Blanche, sa mère, dans ses fiefs à Valentigny, Hampigny, Rance, Chapelaines, Bar-sur-Aube (4).

1226, mai. — Gauthier, seigneur d'Arzillières, du consentement d'Isabelle de Grandpré, son épouse, donne à Boulancourt son terrage du Mesnil et de Jouy (*Joiacus*) sur Coole (5), et tout ce qu'il possède, sauf la justice (6). En

---

(1) Cartul. n° 104. — Sur Oger de Saint-Chéron, cfr. H. d'Arbois de Jubainville, *Histoire des Comtes de Champagne*, t. IV, 82, 118, 120, 558, 561.

(2) Ibid. n° 167.

(3) Ibid. n° 444.

(4) Ibid. n° 240.

(5) *Joiacus* a disparu. Cfr. Ed. de Barthelemy, *Diocèse ancien de Châlons*, t. II, p. 39.

(6) Cartul. n° 244.

1235, février, du consentement de Béatrix de Trichatel,
son épouse (1), Gauthier confirme à Boulancourt cette première donation, et ajoute le tiers des dîmes de Gigny et de
Bussy (2). Un procès, qui dura de 1400 à 1402, entre Erard
et Trouillart frères, seigneurs de Lezinnes et de Coole (le
premier chevalier, le second écuyer), et l'abbaye de Boulancourt, au sujet des biens de l'abbaye à Coole et au Mesnil,
nous apprend que ces biens montaient à 700 journaux de
terre environ (3). Erard et Trouillart, de la maison de Villehardouin, étaient fils de Jean Trouillart, seigneur de
Lezinnes, et de Marie d'Arzillières (4).

1235, février. — Béatrix, dame de Joinville, *senescalca
Campaniæ*, exécutrice testamentaire de Simon, sire de Joinville, son mari, mort l'année précédente, retire, au profit
de Boulancourt, le droit d'usage que les chanoines de Saint-
Laurent de Joinville prétendaient avoir dans les bois de la
Neuve-Grange ; c'était pendant la minorité du célèbre Jean
de Joinville, son fils (5). Jean de Joinville confirma cet acte
en 1306, le jour de Saint-Martin d'hiver (6).

1241, juillet. — Jean, sire de Joinville, sénéchal de Champagne (le célèbre historien de Saint-Louis), confirme, à Boulancourt, du conseil de Béatrix, sa mère, les donations de
Simon, son père, de Geoffroy V, son oncle, et promet de
soutenir l'abbaye, si Geofroi (seigneur de Vaucouleurs), son
frère, ou tout autre de ses frères la troublait dans cette pos-

---

(1) Il faut réformer la notice de M. Ed. de Barthelemy, sur les seigneurs d'Arzillières. *Diocèse ancien de Châlons-sur-Marne*, t. II,
p. 330.

(2) Cartul. n° 299.

(3) Ibid. n°s 469, 476.

(4) Ducange, *Observations sur l'histoire de Geofroi de Villehardouin*, in-fol., p. 234. — Ed. de Barthelemy, *Diocèse ancien de Châlons*, t. II, p. 330.

(5) Cartul. n° 301.

(6) Ibid. n° 443

session (1). Il donne une nouvelle confirmation, au mois de juillet 1261, lorsqu'il partagea sa succession avec son frère (2), et en 1267, juillet (3).

1243, mars. — « Noble baron Guillaume de Taignières » (sur Chavanges), Nivelon de Neuilly, chevalier, donnent à Boulancourt tout ce qu'ils possèdent en terrages, cens et autres droits à Avant et à Mesnil-Lettre (4).

1266, mai. — Pierre de la Malemaison, chevalier, bailli de Vitry, scelle la reconnaissance de Hugues de Chaudron et de Marie, sa femme, qui permettent de nouveau de payer un muid de grain (moitié froment), à la mesure de Margerie, en la grange de la Vicomté de Rance. — Thibaut, comte de Champagne, avait scellé leur première promesse (5).

Au mois de janvier 1283, Gauthier, seigneur de Villemahu, lègue à Boulancourt, par disposition testamentaire, ses prés d'Epothémont, et 40 sous sur la taille de ce village (6).

1284, mai. — Alix, dame d'Epothémont, et son fils, Gauthier, seigneur de Villemahu, accordent aux religieux de Boulancourt le droit de construire sur leurs terres deux étangs, où il leur plaira (7).

1285, 30 juin. — Alix d'Epothémont donne à Boulancourt la justice du bois de Plaine-Voire, du consentement de ses fils Herbert et Gauthier (8).

1292, lundi avant l'Epiphanie. — Hugues Fabre, clerc de Rosnay, donne à l'abbaye tout ce qu'il possède sur les finages de Rosnay, Yèvres, Valentigny, c'est-à-dire environ 118 *jugera* de terres labourables, 8 fauchées de prés,

---

(1) Cartul. n° 358.
(2) Ibid. n° 397.
(3) Ibid. n° 495.
(4) Ibid. n° 377.
(5) Ibid. n° 401.
(6) Archiv. Haute-Marne, origin. 4e liasse. — Cartul. n° 419.
(7) Cartul. n° 416.
(8) Ibid. n° 418.

24 sous de cens et un muid de vin (1). En 1293, le mercredi avant Saint-Philippe et Saint-Jacques, le roi Philippe IV (le Bel) donne, pour ces biens, un reçu de 110 livres tournois petits de droits d'amortissement. « Tous ses
biens en fiefs, arrière-fiefs, cens, franc-alleux, fruits, pro-
duisent un revenu de 28 livres 6 sous tournois, selon l'estimation qui en a été faite. » Jeanne, reine de France,
comtesse de Champagne, ratifie « ledit acte et finance, les
susdits biens provenant de sa dot (2). »

Passons aux acquisitions. — A peine les statuts de 1191 et
de 1215, interdisant toute acquisition d'immeubles à titre
onéreux, furent-ils révoqués en 1216, qu'au mois de mars
1217 Boulancourt achetait tout ce que les religieux de
Montiérender possédaient à Perthes-en-Rothière (3).

L'abbaye fit, au xiiie siècle, 38 acquisitions d'immeubles à
titre onéreux, dont le prix s'élève à la somme totale de 1403
livres, dont 1301 livres tournois et 102 livres monnaie
forte de Provins. Or, la livre tournois valait, sous les règnes
de Philippe-Auguste et de Saint-Louis, 20 francs 26 centimes de notre monnaie (4), abstraction faite du pouvoir
commercial de l'argent qui, évidemment, n'était pas le
même au moyen-âge que de notre temps. Les 1301 livres
tournois représenteraient donc 26358 francs 26 centimes;
et, comme on admet communément que le pouvoir commercial de l'argent était au moyen-âge sextuple de ce qu'il est
maintenant, le prix, en livres tournois, des acquisitions faites
par l'abbaye de Boulancourt, au xiiie siècle, monterait aujourd'hui à la somme de 158,149 francs 56 centimes. Si,
d'après l'opinion commune, nous donnons à la livre de
Provins forte la même valeur intrinsèque qu'à la livre de

---

(1) Cartul. no 432.
(2) Ibid. no 426.
(3) Ibid. no 178.
(4) Vailly : *Recherches sur le système monétaire de saint Louis,*
dans les *Mémoires de l'Académie des Inscriptions,* t. XXI.

Tours, les 102 livres Provins vaudraient 2066 francs 52 centimes, au pouvoir de 12.309 francs 12 centimes; ce qui donnerait la somme totale de 170,548 francs 68 centimes, dépensée, au xiii° siècle, en acquisitions d'immeubles. Mais il faut observer que le prix de plusieurs acquisitions n'est pas désigné, et que, la plupart du temps, les vendeurs demandent, outre le prix principal, un cheval, un poulain, une vache, un cochon gras, un habit, un certain nombre de pains conventuels toutes les semaines... choses que nous n'avons pas estimées.

Citons les principales acquisitions à titre onéreux faites par l'abbaye dans le cours du xiii° siècle.

1222, octobre. — Boulancourt achète à Geofroi, seigneur de Deuilly, du consentement de Helvide, son épouse, et de Guillaume, son fils, la moitié du moulin de Longeville, moyennant 50 livres (1), et tous ses revenus à Beaufort et à 3 lieues à la ronde, pendant 5 ans, moyennant 250 livres (2); à la même date, Thibaut, comte de Champagne, alors à Provins, scelle et ratifie ces actes de vente (3).

1231, janvier. — L'abbaye achète au même Geofroi, moyennant 80 livres Provins, la troisième partie de ce qu'il possède au village de Deuilly, en corvées et coutumes sur ses hommes et leurs ménages et sur les étrangers qui passeront et coucheront une nuit (4). Enfin Geofroi vend à l'abbaye, en 1234, mai, tout ce qu'il possède à Chavanges, moyennant 130 livres tournois (5).

1233, mars. — Gui d'Unienville, chevalier, vend à Boulancourt tout ce qu'il possède dans la dîme d'Unienville, moyennant 300 livres tournois (6).

---

(1) Cartul. n° 226.
(2) Ibid. n° 227.
(3) Ibid. n° 227.
(4) Ibid. n° 208.
(5) Ibid. n° 203.
(6) Ibid. n° 286.

On remarquera avec édification que toutes ces acquisitions se placent entre l'année 1216, où fut révoqué le statut interdisant les acquisitions à titre onéreux, et l'année 1240, où le même statut fut remis en vigueur. La même remarque porte sur les acquisitions de serfs, dont nous allons parler, et qui étaient défendues par les anciens statuts.

1226, 13 avril. — Jean de Saint Ouen, sous le sceau d'Olivier, seigneur de Drosnay, vend à Boulancourt deux hommes à Meixtiercelin (1).

1228 juillet. — Simon d'Humbeauville vend à Boulancourt plusieurs serfs à Meixtiercelin. Guillaume, seigneur de Dampierre, ratifie cette vente (2).

1231 juin — Hugues, vidame de Châlons, à la prière de son noble cousin Hugues, comte de Rhétel, donne une serve à Boulancourt, du consentement de Guermond, son fils (3).

1233, décembre. — L'abbaye achète un ménage à Charanges (4), et un autre à Fontenay, en avril 1234 (5).

Au xiii° siècle, l'œuvre de la *Porte* ou de l'*Aumône* prend de l'extension à Boulancourt. Au mois de juillet 1218, Blanche, comtesse de Champagne, avec son fils Thibaut IV, approuve la donation de 40 sous sur la foire de Bar-sur-Aube, pour l'aumône de la porte, faite par Gauthier, seigneur de Neuilly. Blanche en ajoute 20 à la même fin (6). En 1229, avril, l'abbaye achète à Longeville des biens, dont le revenu est affecté à l'aumône de la porte (7). En 1242, mars, Félicité, comtesse de Réthel, dame de Beaufort, permet au portier de Boulancourt d'acquérir, sauf

---

(1) Cartul. n° 246.
(2) Ibid. n° 254.
(3) Ibid. n° 275.
(4) Ibid. n° 291.
(5) Ibid. n° 292.
(6) Ibid. n° 188.
(7) Ibid. n° 359.

la justice et le ban, le moulin Evrard sur la Laine. Elle confirme la donation de 60 sous de rente faite à la porte par Oger de Saint-Ouen sur les cens de Beaufort ; et ne pourront lesdits religieux vendre ou donner ni le moulin, ni les 60 sous (1).

Afin de compléter ce chapitre de la propriété de Boulancourt au xiiie siècle, nous ajouterons quelques pièces relatives aux amortissements.

1254, jour de Saint-André. — Marguerite, reine de Navarre, comtesse de Champagne, et son fils, Thibaut V, pour le repos de l'âme du comte Thibaut IV et de tous leurs ancêtres, font remise à Boulancourt de 10 livres de droits d'amortissement (2).

1271, septembre. — Henri III, roi de Navarre, comte de Champagne, confirme à Boulancourt la remise de 12 livres de droits d'amortissement faite par son frère Thibaut V, et il ajoute la remise de 36 livres en sus ; mais les religieux devaient lui céder 11 livres qu'ils percevaient sur le partage de Bar-sur-Aube, et 4 livres à Hampigny (3).

Le 13 avril 1272, Hugues, comte de Brienne, moyennant 150 livres tournois, accorde à Boulancourt des lettres de confirmation et d'amortissement pour tous les biens acquis par eux jusqu'à ce jour dans le comté de Brienne (4).

1289, novembre, Vincennes. — Philippe IV, roi de France, et la reine Jeanne, donnent à Boulancourt la haute justice sur 10 journaux de terre à Valentigny, lieu dit la Creuse-Rive, proche la tuilerie de l'abbaye, en échange de 4 fauchées de pré à Voillecomte, proche Vassy, où le roi venait de faire établir un étang (5).

Le mardi après la Purification, 1294. — Quittance de

---

(1) Cartul. n° 367.

(2) Ibid. n° 395.

(3) Ibid. n° 409.

(4) Ibid. n° 410.

(5) Ibid. n° 423.

4 liv. 19 sous 9 décimes tournois, donnée par Philippe IV, roi de France, et la reine Jeanne, comtesse de Champagne (1).

XIVᵉ siècle.

Le xivᵉ siècle est une époque de décadence pour la propriété de Boulancourt. Les causes, tout à la fois générales et particulières, sont l'augmentation progressive de la valeur nominale des monnaies et la diminution du pouvoir commercial de l'argent, l'exploitation des fermes et des autres biens confiés à des fermiers, l'abolition du servage et les guerres.

Dès la fin du xiiiᵉ siècle, les revenus de l'abbaye avaient été considérablement diminués par les guerres, comme on le voit dans les lettres de Philippe-le-Bel, données à Vincennes au mois de novembre de l'an 1300, et de sa chère compagne, Jeanne, reine de France et de Navarre, comtesse palatine de Champagne et de Brie. Ils confirment la donation du gagnage de Laffertey, sur les finages de Hampigny et de Valentigny, faite à Boulancourt par Jean de Laffertey, à la charge d'un anniversaire pour lui et son oncle, maître Pierre : « Les biens de Boulancourt ayant été extrêmement diminués par les dernières guerres (2). »

L'acensement des granges et des principales propriétés à des fermiers séculiers contribua singulièrement à la décadence de la propriété de Boulancourt ; l'abbaye dut abandonner les belles traditions du travail et renoncer à cultiver ses biens, parce qu'elle ne trouvait plus assez de frères convers pour l'exploitation agricole. Or, on comprend que le nouveau mode d'exploitation dut opérer toute une révolution financière. Car le frère convers travaillait beaucoup, dépensait peu et avait à cœur la conservation des biens de la maison ; mais il n'en était pas ainsi du fermier, qui prenait à

---

(1) Cartul. nº 435.
(2) Ibid. nº 436.

5

bas prix ces biens que l'abbaye ne pouvait plus cultiver.
Alors les envahissements par les voisins se firent sans opposition, les servitudes s'établirent, les bâtiments tombèrent
en ruines. Dans le principe, les baux se font à une vie
d'homme, et, sur la fin du même siècle, à trois vies
d'hommes.

Remarquons en passant que la modification dans le système d'exploitation agricole ne s'opéra pas sans transition
ménagée. Ainsi, au mois de mai, jour de Saint-Urbain,
1293, l'abbaye donne à bail « à Hugues Fabre, tabellion
de Rosnay, la maison de Valentigny avec les dîmes, terres,
prés, censives, coutumes, deniers, justice et main-morte,
sa vie durant, pour le prix de cent livres tournois ; mais sera
tenu ledit Hugues *d'avoir un religieux et un convers* avec
lui, à Valentigny, qui doivent lui obéir pour le bien de la
maison, et doivent habiter ensemble les trois susdits aux
dépens de ladite maison. Si les produits des biens montent
plus haut que cent livres, le surplus sera partagé par moitié... »

Le cartulaire renferme seulement 34 pièces appartenant
au xive siècle. Ces pièces concernent des accensements, des
procès et des transactions ; on y trouve cinq donations seulement.

En 1300, donation du gagnage de Lafferley, dont nous
avons parlé plus haut.

1302. — Blanche d'Artois, comtesse de Champagne,
morte le 2 mai de la même année, au château de Vincennes,
laisse à l'abbaye, pour son anniversaire, 55 l. tournois, qui
furent employées à acheter une maison à Rosnay, le 9 juillet
1302 (1).

1303, 24 avril, après Pâques. — Les religieux de Boulancourt, possédant moitié du four banal de Somsois, s'oppo-
sent à ce qu'Ogier, seigneur d'Anglure, construise un four

---

(1) Cartul. no 440.

dans sa maison à Somsois ; enfin, ils accordent qu'il pourra construire ce four, mais pour lui seulement et ses domestiques, et un autre petit four pour cuire « tartres et patez » pour lui et les siens (1).

1309, juin. — Gauthier V, vicomte de Brienne, délivre à Boulancourt des lettres d'amortissement pour tous les biens acquis dans son comté (2).

1309. — Huguette de Duabus, morte le jour de Saint-André, 1309, donne, entre autres choses, pour son anniversaire, un beau calice (3).

1325, 24 mai. — Ithier, seigneur de Fontenay (sur Chavanges), et Marguerite de Baudement, sa femme, donnent à Boulancourt, pour la fondation de la chapelle Sainte-Marie-Saint-Jean-Baptiste, la somme de 20 l. tournois de rente. Ils donnent, entre autres biens, le terrage de Sainte-Marie, entre Jonquereuil, Arrambécourt et Chassericourt, qu'ils ont acheté, moyennant 80 liv. tournois, de Jean de la Pipe, écuyer, et qui est estimé 12 liv. de rente (4). — Aubert de Peroney, chevalier, seigneur du Châtelier (sur Chassericourt), autorise, le 11 août 1342, cette donation, le terrage relevant de sa justice ; il appelle Marguerite de Baudement « sa très chère et aînée commère (5). »

Un acte du 2 novembre 1347 nous révèle l'état de gêne temporelle de l'abbaye. Albéric ou Aubry, abbé de Boulancourt, par acte capitulaire, reconnaît que « *Dispositioni divinæ placuit, pluribus annis præteritis, maxime anno nuper elapso, terræ nostræ arabiles et vineæ, quas cum magnis sumptibus et etiam laboribus colebamus seu coli feceramus, nobis fructum sterilem et modicum reportaverunt; ideoque necessario oportuit pro bladis victui nostro*

---

(1) Cartul. nº 442.
(2) Ibid. nº 456.
(3) *Obit.*
(4) Cartul. nᵒˢ 448, 453.
(5) Cartul. nº 453.

necessariis multis creditoribus et diversis obligari et nos et monasterium nostrum et specialiter venerabili in Christo patri Witero, abbati monasterii Dervensis. » Les grains fournis par l'abbé de Montiérender sont évalués à la somme de 600 livres. — Guitère, abbé de Montiérender, cède à Boulancourt un revenu annuel de 25 livres de terre, pour des fondations de messes, en demandant que cette rente annuelle soit hypothéquée sur le moulin Evrard et le moulin aux Dames (*molendinum ad dominas*). — Albéric, abbé de Boulancourt, et son chapitre, acceptent cette fondation. Elle est ratifiée, le 25 du même mois, par Bernard, abbé de Clairvaux, et par Jean, abbé de Cîteaux, le jour de Saint-Lambert, 1348. — Le 16 novembre 1348, Albéric et Guitère signent une nouvelle convention. L'abbaye de Boulancourt devait encore 100 livres tournois sur les 600 livres susdites; Guitère remet cette somme à Boulancourt, à condition que l'abbaye donnera une pinte de bon vin en pitance au prêtre qui dira la messe quotidienne fondée par Guitère (1).

En 1367, Le Royer, chevalier de Beaufort, et dame Marie, son épouse, fondent leur anniversaire à Boulancourt (2).

Nous touchons à l'époque malheureuse pendant laquelle l'abbaye souffrit davantage de l'invasion anglaise, comme nous l'avons vu plus haut.

Pendant 22 ans, elle ne donne presque pas signe de vie (Voir II° partie, ch. I", § V); et lorsqu'elle reprit les exercices de la vie régulière, elle ne retrouva pas son ancienne prospérité.

1390, 15 juillet. — Aux assises de Rosnay, Bertrand Guasch, chambellan du duc d'Orléans, gouverneur du comté de Vertus et seigneur de la Bergeresse en Brie, con-

---

(1) Toutes ces pièces en latin se trouvent à la suite de l'*Obituaire*, en tête du Cartulaire.

(2) *Obit.*

damne noble dame Isabelle d'Epothémont à payer à Boulancourt 40 s. t. annuels sur la taille des hommes d'Epothémont (1).

1391. — D'après la quittance de François de Conzié, archevêque de Toulouse, Boulancourt paie la taxe de 160 liv.
d'or pour les décimes dues au Pape, somme exorbitante
qu'il ne faut pas prendre pour la taxe ancienne et régulière
payée par l'abbaye (2). On sait que l'antipape Clément VII
poussa si loin les exactions en France, pour subvenir aux
folles dépenses de la cour d'Avignon, que le roi Charles VI
dut interposer plusieurs fois son autorité, et particulièrement dès l'an 1386, pour arrêter de criants abus (3). Dans
certaines réductions des décimes, faites à cette époque en
faveur des établissements religieux, il faut donc voir d'abord
l'heureuse pression de la volonté royale sur la cour d'Avignon, et aussi une concession intéressée faite, par cette
même cour, à la fidélité du clergé français.

Disons à ce sujet que l'état de gêne temporelle des maisons religieuses et du clergé, au xive siècle et dès la fin du
xiiie, se manifeste par la diminution graduelle des décimes
supposant une certaine diminution, nous n'osons pas dire
graduelle des revenus. En prenant la durée d'un siècle environ, nous voyons, par le compte des décimes de l'année
1289 (4), et par le compte de l'aide accordée au roi
Charles VI en 1381 (5), que la valeur nominale de la taxe
tombe, pour le diocèse de Troyes, de 3.878 l. 19 s. 11 d.
à 1485 l. 9 s. 4 d. — Boulancourt paie 12 l. en 1381. —
Ajoutons qu'en 1407 elle paiera moins, puisque la *taxatio
ad decimam*, ou estimation du revenu devant servir de base

(1 Cartul. n° 463.

(2) Cartul. n° 464.

3 Juvénal des Ursins, *Histoire des souverains Pontifes qui ont
siégé à Avignon*, p. 381, in-4°, 1774.

4 *Recueil des historiens de France*, t. XXI.

5) *Pouillé du diocèse de Troyes*, 1407, p. 213.

à l'assiette des décimes, n'est que de 60 liv. (1) (environ les 2 tiers du revenu réel), le décime sera donc 6 liv.—En 1457, l'abbaye est taxée à 4 liv. (2). Les affaires temporelles étaient en fort mauvais état à cette époque, comme nous allons le voir.

XVe siècle.

Nous ne trouvons pour ce siècle que 37 pièces. Elles contiennent des procès, des acensements de biens, et des baux, la plupart à trois vies d'homme. Les établissements religieux participent aux malheurs qui désolent le royaume, en particulier nos pays, où la domination anglaise et tous les fléaux conjurés sévissent cruellement : la guerre, la peste, la famine, les *écorcheurs* et les *retondeurs* paraissent en même temps. On voit croître à vue d'œil, en parcourant le cartulaire, le dépérissement de la fortune mobilière et immobilière de Boulancourt. Pour appuyer notre assertion, nous citerons seulement un acte, qu'on rapprochera de nos réflexions sur la fin du xiv° siècle. — Le 16 mai 1440, les religieux de Boulancourt et la commune de Valentigny signent une transaction au sujet du four banal de Valentigny : les habitants de ce village reconnaissent «que le four banal appartient à l'abbaye, et qu'ils ne peuvent cuire leur pâte ni pâtisserie ailleurs que dans ledit four ; mais considéré la grande mortalité, stérilité, et pauvreté des religieux, à l'occasion des guerres et divisions qui ont été depuis trente ans au royaume ; leurs édifices, maisons et héritages ont été ruinés et démolis, et leurs rentes et revenus amoindris, ont ainsi transigé lesdits religieux et habitants de Valentigny, à savoir que ces derniers pourront construire des fours grands et petits, et y cuire leur pâte et pâtisserie en leur domicile, et pour « chaque feu et ménage entier présent et à venir

---

rendra aux religieux, au jour de la Saint-Remy, cinq sols
tournois, et chaque homme veuf ou femme veuve, deux
sols six deniers de cens annuel et perpétuel, avec peine de
cinq sols tournois contre chacun défaillant, à payer dans huit
jours, et cela à partir de la Saint-Remy prochaine (1). »

L'état de misère de nos contrées, au commencement du
xve siècle, rappelé dans cette pièce, fut exposé par l'abbé
de Clairvaux, Mathieu Pillard, aux commissaires chargés de
la levée des décimes : « les revenus de Clairvaux, dit-il,
ont été amoindris *propter gentium armorum discursus,
mortalitates, sterilitates temporis et alia incommoda* (2).

Dans la seconde moitié du xve siècle, notre pays fut écrasé
d'impôts à l'occasion de *la guerre du bien public*. Le
21 septembre 1465, « les gens d'église, bourgeois, et habitants de la ville de Troyes », en considération des ravages
exercés dans le pays par les Gascons, demandèrent au roi un
allégement d'impôts : « les gens des duc de Nemours et conte
d'Armignac, à grant compaignie de gens de guerre, lesquels pillent, desrobent et rançonnent les villaiges et plat
païs, et font maux innumérables ; » suit cependant une
longue et désolante énumération, « et à ceste cause le povre
peuple de ce païs est tellement foulé que à grant pene
porra d'ores en avant supporter les charges qu'ils ont acous-
tumé (3). » — Michel Juvenel des Ursins, bailli de Troyes,
appuie cette lettre de puissantes considérations politiques (4).
Notre abbaye souffrit beaucoup pendant la guerre du bien
public, parce que tout le territoire situé entre Bar-sur-Seine,
Bar-sur-Aube, Boulancourt et Troyes, fut ravagé par les

---

1 Cartul. no 486.

2 Lettres-patentes pour la réduction des décimes en faveur de
Clairvaux, 31 août 1407. *Pouillé du diocèse de Troyes*, de 1407,
p. 232. — Voir les *Annales Troyennes* pendant la première moitié
du xve siècle. Courtalon, *Topographie*, t. I.

3) Bibl. imp., *Collect. Dupuy*, vol. 596, fol. 24.

4) Ibid. *Recueil Legrand*, année 1465.

incursions des bandes ennemies. Pour vivre, Boulancourt
recourut même à des emprunts (1).

On ne trouve au quinzième siècle que deux donations,
par testament, faites à l'abbaye. Le 7 février 1448, demoiselle Jeanne de Lavau, veuve de maître Pierre de Soulaines,
donne à Boulancourt tous ses biens en terres, prés et vignes,
sur le finage de Beaufort, Villeret et Lentille, à condition
de célébrer quatre messes solennelles, tous les ans, aux
Quatre-Temps, pour le repos de l'âme de défunt Pierre de
Soulaines, son mari (2). — Le 29 janvier 1470, sous le sceau
de Robert, seigneur de Céret, prévôt de Troyes, Nicolas de
Vienne, seigneur de Pont-Saint-Vincent (Meurthe), capi-
taine de la ville et château de Ligny, donne à Boulancourt
tout ce qu'il possède, à Longeville, en maisons, granges,
terres, prés, vignes, pour son anniversaire, celui de sa
femme Isabelle de Blennod, de son père, Jean du Pont-
Saint-Vincent, et de sa mère, Marie de Norroy (3).

XVIᵉ siècle.

Les 280 pièces qui concernent cette époque renferment
une donation seulement : le 19 septembre 1528, Jacques
Clerget, marchand à Vassy, et Marguerite, sa femme,
donnent à Boulancourt, pour leur anniversaire, ce qu'ils
possèdent à Voille-Comte, en maison, grange, pourpris et
10 journaux de terre (4). Toutes les autres pièces regar-
dent des acensements, de nombreux procès et des aliéna-
tions pour l'Etat. Jusqu'alors les revenus allaient en s'a-
moindrissant; toutefois les propriétés étaient restées ; mais
au XVIᵉ siècle, l'abbaye entre dans la voie désastreuse de

---

(1) Cartul. nᵒ 591.
(2) Ibid. nᵒ 488.
(3) Ibid. nᵒ 493.
(4) Ibid. nᵒ 255.

l'engagement et de l'aliénation. Mille causes précipitent la
ruine de la maison.

Dès le commencement du xvi° siècle, les seigneurs, reve-
nant sur les donations de leurs ancêtres, contestent à Boulancourt ses droits antiques. Les communes voisines de l'abbaye se refusent à certaines charges et prétendent à des
franchises. Plusieurs curés veulent forcer l'abbaye à payer
des dîmes, dont elle avait été exempte jusqu'alors.

En 1516, 15 septembre, commencent de longues contestations au sujet de la justice des clôtures de l'abbaye, du
côté de Beaufort, entre l'abbaye et le procureur de Germaine
de Foix, reine catholique d'Aragon et comtesse de Beaufort, par devant Odard de Villemaur, bailli de Beaufort (1).
Ces contestations continuent en 1552, 13 mai, devant le
même bailli, à la requête de M° Thomas de Foix, sire de
Lescun et vicomte de Lautrec (2); en 1525, par devant
Soucin de Vitré, seigneur de Lavau et Villemabu, bailli de
Beaufort (3). En 1533, le même procès est poursuivi par le
procureur de M° de Lautrec, comte de Piney-Beaufort (4);
en 1536, par Henri de Foix, seigneur de Lautrec, comte de
Beaufort (5); le 18 avril 1553, le duc de Nevers, fils de
Marie d'Albret, seigneur de Beaufort, est condamné par le
Parlement de Paris (6); le 3 mai 1558, lettres royaux auto-
risant enfin les religieux de Boulancourt à relever, en signe
de haute justice, les fourches patibulaires à deux piliers qui
existaient avant les guerres, près de la métairie de la Denise,
au lieu dit les Fourches-aux-Convers; ils pourront les relever
à trois piliers (7); c'est en vain qu'en 1566 Marie de Clèves.

---

1) Cartul. n° 565.
(2) Ibid. n° 565.
(3) Ibid. n° 537.
(4 Ibid. n°s 538 et 564.
(5) Cartul.
(6) Ibid. n° 657.
(7) Ibid. n° 671.

demoiselle de Nevers, marquise d'Isle, comtesse de Beaufort, sous la tutelle du cardinal Charles de Bourbon, essaya
de renouveler le procès; mais il résulta des longues contestations des frais considérables pour l'abbaye (1). A la
même époque, il lui fallut prouver son droit de justice à
Perthe-en-Rothière :

L'abbaye de Boulancourt rappelle qu'en signe de haute,
moyenne et basse justice, « il y avait à Perthe une prison
» avec des ceps pour tenir les prisonniers, laquelle prison
» était ensemble avec le pilier proche l'église, en ladite
» place où l'on a tenu de tous temps les jours, même pour
» les inventaires et autres actes de justice (2). »

Le vendredi, 18 septembre 1528, Sauvage Dutreix de
Hampigny, à la tête de 200 hommes de ce village, et 40
aventuriers armés, entre dans le bois des Noues, contenant
160 arpents, et tenant aux limites mêmes de l'abbaye. Ils
détruisent la ferme, les granges et toutes les constructions
que les religieux venaient de faire édifier au milieu de ce
bois, et remplissent les fossés de clôture (3).

Le 6 mars 1534, arrêt du Parlement de Paris confirmant
à l'abbaye de Boulancourt les grosses dîmes de Chapelaines
contre Jean de Chavanges, seigneur de Chapelaines (4).

En 1536, les religieux de Boulancourt sont condamnés
à réparer la chaussée de Valentigny. Depuis la pâture des
Laires jusqu'au pont des Fontaines, à l'entrée de Valentigny,
cette chaussée mesurait en longueur 3428 pieds de roi, et en
largeur 26 à 30 pieds. Elle devait être « relevée de niveau
» partout, et le tout devait être couvert de bois, fagots et
» grève d'un bout à l'autre; établir 2 ponts en bois de 14

---

(1) Cartul. no 695. — Voir dans le *Dictionnaire de la Noblesse* les
généalogies des maisons alliées de Foix, d'Albret, de Bourbon et de
Nevers.
(2) Ibid. no 865.
(3) Ibid. no 553.
(4) Ibid. no 540.

» pieds, l'un au rupt Rigollot, et l'autre au rupt de Bre-
» vonne, avec des fiches, sommiers et bons trépans. » Le
devis monta à la somme de 2,500 livres (1).

En 1545, Jacques d'Anglure, seigneur de Longeville et
de la Celle, et Nicolle de Louan, son épouse, contestent à
Boulancourt son droit de justice sur le désert ; mais ils sont
déboutés de leurs prétentions par sentence du bailliage ren-
due le lundi après la Saint-Jean. Jean Saladin (2) d'Anglure,
fils aîné de Jacques et de Nicolle, s'oppose à l'exécution de
la sentence, parce qu'il est majeur et sorti de la curatelle de
Christophe de Louan, seigneur de Saron-sur-Aube. Or,
dit-il : « Je suis héritier maintenu de feu messire Guillaume
» d'Anglure, après le décès duquel ladite terre d'Anglure
» vendue pour 6,000 livres, par décret, lesquels deniers
» furent livrés pour les enfants de messire Jacques d'An-
» glure et dame Nicolle de Louan dont je suis le premier
» fils et héritier, auparavant acquet de la terre et seigneu-
» rie de Longeville. » Son dire ne fut point écouté (3). En
1553, noble demoiselle Edmée de Chavanges, veuve de Jean
Saladin d'Anglure, seigneur de Longeville, continue les
contestations au sujet de la justice « comme ayant la garde
noble de ses enfants mineurs (4) » et, en 1566, son second
mari, Philippe de Marconville, écuyer du duc d'Aumale,
seigneur de Mesnil-la-Comtesse, Chapelaines (il habitait
Chapelaines) et Longeville « comme ayant la garde noble
» des enfants mineurs de Edmée et de Jean Saladin »
pousse le procès (5), qui est continué en 1572 (6), 1578 et
1579, par les mêmes et par Etienne d'Anglure, fils aîné de

---

(1) Cartul. n° 583

2. Sur le nom de Saladin porté par tous les aînés de la famille des
barons d'Anglure, cfr. *Almanach de Troyes* de 1783.

(3) Cartul. n° 601.

(4) Ibid. n° 687.

(5) Ibid. n° 695.

(6) Ibid. n° 715.

Jean d'Anglure, et par François de la Rochette, seigneur de Sancey, mari de Charlotte d'Anglure, sœur d'Etienne, et par Claude de Gand, seigneur en partie de Blacy, mari de Madeleine d'Anglure, autre sœur d'Etienne. Ils sont condamnés (1).

Le 19 janvier 1559, sentence de Martin Séguier, doyen de la collégiale de Saint-Marcel, vice-gérant d'Eudes de Chatillon, cardinal-évêque de Beauvais, conservateur des priviléges de la Sorbonne, contre Nicolas Bourguignat, curé d'Yèvres, proche Rosnay, prétendant lever la dîme sur les terres de la grange de Perthe-Sèche (2).

Mais une des principales causes de décadence de l'abbaye, au xvi° siècle, fut la taxe des décimes. Dans les siècles précédents, les décimes étaient demandés par le pape dans des circonstances rares et graves. D'ailleurs, cette mesure était exécutée avec douceur, et les contribuables obtenaient facilement une concession ou réduction. Mais, à partir du concordat de 1516, les décimes cédés au roi par le pape constituèrent un des chapitres de la recette ordinaire de la caisse royale, et cette charge fut souvent très-onéreuse. Dès cette année même, l'abbaye demandait un sursis de 15 jours pour payer les décimes (3). Elle est taxée par l'édit de 1563 à 1375 livres 14 sols 2 décimes, pour sa part de la taxe du diocèse qui monte à 81,825 livres. Par l'édit du 6 octobre 1568, l'abbaye est imposée à 1,250 livres; en 1575, à 1,720 livres, tout le diocèse à 40,000 livres (4); en 1577 à 51 écus, tout le diocèse à 50,000 écus (5); à

1) Cartul. nos 741, 745.

(2) Ibid. n° 667.

(3) Ibid. n° 527.

(4) Ibid. nos 701 et 725. Les villes de Troyes, Reims, Châlons, Laon, Guip, Langres, Chaumont, Bar-sur-Aube étaient taxées ensemble à 52,800 livres en 1575. Cfr. *Remontrances*.

(5) Ibid. n° 728.

2,000 écus, par l'édit du 23 juin 1586 (1), et à 1,140 écus en 1588 (2). C'est pour répondre à ces charges que l'abbaye engagea ou aliéna, avec faculté de rachat, un grand nombre de ses propriétés, dans la seconde moitié du xvi° siècle.

Lorsque la taxe de 1,250 livres fut imposée à l'abbaye, en 1568, « ledit sieur abbé n'a pu solder que par l'aliénation » de quelques héritages et par les moyens moins domma- » geables à ladite abbaye (3). » Trente actes d'aliénation, dans l'espace de 32 ans, diminuent considérablement la fortune de Boulancourt (4); en sorte que le bail général des revenus de la même abbatiale, passé pour 6 ans, le 27 oc- tobre 1598, monte seulement à 640 écus soleil à 60 sols pièce (5).

D. Robert de Saint-Claude, abbé commendataire, dans sa requête envoyée le 29 janvier 1577 à l'assemblée du clergé de France, s'exprime ainsi : « L'abbaye de Boulancourt a » été taxée à 51 écus de rente, taxe énorme, d'autant que » le total revenu de ladite abbaye ne monte qu'à 6,500 li- » vres, comme il appert par le bail passé à Troyes. Sur la- » quelle somme il faut déduire les vestières et nourriture » desdits religieux, visites d'ordre, réparations de bâtiments, » qui montent à plus de 1,500 livres (6). »

Dans la seconde moitié du xvi° siècle, les guerres de reli- gion viennent remplacer l'invasion anglaise, dont les funestes effets n'étaient pas encore réparés.

On lit dans la requête de D. Robert de Saint-Claude à l'assemblée du clergé en 1577 : « Joint aussi que l'abbaye

(1) Cartul. n° 758.
(2) Ibid. n° 770.
(3) Cartul. n° 701.
(4) La plupart de ces actes originaux sont aux Archives de la Haute-Marne, 3 H 6.
(5) Cartul. n° 821.
(6) Ibid. n° 728.

» et métairies ont été ruinées depuis 10 ans par les reîtres,
» troupes du roi, trois ou quatre fois, même au mois de
» mai dernier par ceux du duc de Bavière, de manière
» qu'on ne peut trouver des laboureurs pour cultiver les
» terres. Qu'il vous plaise donc avoir égard.... (1). »

Pour se faire une juste idée du malheureux état de nos
contrées à cette époque, il faut lire les Mémoires de Cl.
Haton, curé du Mériot, diocèse de Troyes (2); les « Ser-
ments des associez de la ligue chrestienne et royale au diocèse de Troyes, le 25 juin 1568 (3); » les « Remonstrances
» très-humbles des villes de Troyes, Reins, Chaâlons, Laon,
» Langres, Chaulmont et Bar-sur-Aulbe, en 1575 (4); »
et les promesses de la *Nouvelle association politique*, « par-
» ticulièrement faite au dit Troyes par l'évesque et les cha-
» pitres du dict Troyes, le 22 mars 1577 (5). »

C'est aussi dans cette seconde moitié du xvi° siècle que
l'on vit paraître plusieurs édits royaux adressés à toutes les
provinces, à l'effet de dresser des règlements pour les taver-
niers et les cabaretiers, afin de fixer à un prix modéré la
taxe des denrées alimentaires (6).

En jetant un coup d'œil sur les principales époques de
cette seconde partie du xvi° siècle, le massacre de Vassy
(1562), la formation des ligues provinciales (1577), puis
la ligue générale (1588), la réunion des États-Généraux
(1593), et enfin la paix de Vervins, le 2 mai 1598, on est
effrayé de tant de ruines, de larmes et de sang accumulés
dans une période d'un demi-siècle.

Ajoutons une dernière cause de décadence pour notre abbaye au xvi° siècle. On lit dans une requête des religieux de

---

(1) Cartul. n° 728.
(2) *Mémoires de Claude Haton.* 2 vol. in-4°.
(3) Ibid. t. II, p. 1152.
(4) Ibid. p. 1140.
(5) Ibid. p. 1154.
(6) Fontanon, t. I, p. 925, 939.

Boulancourt, adressée le 15 mars 1604, au bailli de Beaufort : « Depuis le décès d'Elion d'Amoncourt, abbé de Bou-
» lancourt, décédé il y a 22 ans faits ou environ, les sup-
» pliants sont restés sans pasteur résidant, les revenus ont
» été perçus par des abbés commendataires, nommés et non
» pourvus canoniquement... Les suppliants délaissés, fa-
» méliques, ont été contraints de recourir à vous contre
» D. Robert de Saint-Claude, abbé commendataire, le
» 2 mai 1591.... Les suppléants se sont ensuite contenus
» sous l'obéissance de Dom Claude de la Monstre, abbé de
» Boulancourt ; dès et depuis 6 mois qu'il est venu en l'ab-
» baye, s'est emparé des meubles et revenus, et étant dé-
» cédé à présent, son frère, Hugues de la Monstre, a em-
» porté tous les deniers et laisse les religieux dans la mi-
» sère (1). »

Le bail suivant, passé le 17 janvier 1566, fera connaître :
1° les revenus de la mense des abbés « administrateurs
perpétuels et pensionnaires pour la moitié des fruits, » lorsque le régime des Fidéi-Commendes s'introduisit; 2° l'état
de la propriété de Boulancourt antérieurement à l'édit de
1568. — L'abbaye n'avait encore aliéné que ses biens de
Mothé et de Jaucourt, en 1564.

A tous ceux qui ces présentes... Mauroy, écuyer, licencié-
ès-lois, seigneur de Courcelles, prévôt de Troyes... — Elion
d'Amoncourt, abbé de Boulancourt, signe avec François
Formal et Etienne Bérier, marchands et bourgeois de
Troyes, le bail des héritages, revenus et droits de l'abbaye,
savoir :

« L'étang de Sainte-Barbe, appelé aussi la Folie. Le
» grand étang du bois. L'étang de Séguin. La Barrelière.
» La Carperole. L'étang de Froide-Fontaine. Le grand
» Breuil. Le petit Breuil. L'étang de la Saule, de la Tuile-

---

(1) Cartul. n° 860.

» rie, qui sont tous les étangs en nature d'étang à présent
» admodiés 800 livres par an. »

« Item, la quantité de 80 muids de grain (1), moitié
» froment et seigle et orge et avoine, que doivent les mé-
» tayers et grangers, à savoir : 14 muids à Perthe en Ro-
» thière, outre 4 deniers tournois de censive sur chaque
» journal, comme aussi le droit de 2 s. 6 d. qui se prend
» sur chaque ménage, et encore la mairie et exploits de
» justice haute, moyenne et basse, et une maison moyen-
» nant 510 livres tournois d'admodiation annuelle. »

« Item, la quantité de 8 muids de grain par quart, seigle,
» froment, orge, avoine, pour le louage du gagnage de la
» Perthe-Edmond à Labraux, admodié 300 livres par
» an. »

« Item, 6 muids de grain, moitié froment et avoine, pour
» le bail de la Rouge-Grange à Pel-et-Der, admodié 304
» livres, 10 s., pour 4 ans. »

« Item, 6 muids, 3 setiers, 5 boisseaux, moitié froment
» et avoine, pour le gagnage du bois des Noues, et monte
» tout le gagnage à douze vingt cinq livres 4 s. »

« Item, 3 muids, 4 setiers par quart, pour le gros ga-
» gnage d'Yèvres, et 3 setiers, 12 boisseaux pour le pe-
» tit gagnage, par moitié froment et avoine, pour 4 années,
» six vingt sept livres 6 s. »

« Item, 4 muids, 6 setiers, moitié froment et avoine,
» pour le gagnage de Valentigny, pour 4 années, pour la
» somme de sept vingt huit livres 10 s. »

« Item, 3 muids, 8 setiers, 11 boisseaux moitié froment
» et avoine, pour le gagnage de Morencourt, faisant la
» somme par an de huit vingt et 19 livres, 4 s. 8 d. »

« Item, 4 muids, 5 setiers, 8 boisseaux, moitié froment

---

(1) Le grain est en général apprécié « 110 sols la couple de setier,
moitié froment, moitié avoine. »

» et avoine, pour le gagnage de Taillebois, apprécié 220
» sols; le tout faisant sept vingt 14 livres tournois. »

« Item, 5 muids, 4 setiers, 5 boisseaux, moitié froment
» et avoine pour le gagnage de la Denise, qui monte à neuf
» vingt huit livres 15 s. »

« Item, 4 muids, 6 boisseaux, moitié froment et avoine,
» pour le gagnage de la Tuilerie, qui monte à la somme de
» sept vingt 14 livres 3 s. 6 d. »

« Item, 5 muids, 2 setiers, 14 boisseaux, moitié froment
» et avoine, pour le gagnage de Froide-Fontaine, avec
» autres revenus, pour 4 ans, monte ledit gagnage à neuf
» vingt 16 livres 10 s. »

« Item, 3 muids, 11 setiers, 2 boisseaux, 3 picotins,
» moitié froment et avoine pour le gros gagnage des Dames,
» pour 4 années, monte le tout à sept vingt 18 livres. »

« Item, 3 setiers, 12 boisseaux, moitié froment et avoine
» pour le gagnage de Longeville, pour 4 ans, monte le tout
» à la somme de 18 livres 10 s. »

« Item, 1 setier de froment, et 20 boisseaux d'avoine,
» pour le gagnage de Blignicourt, monte à la somme de
» 117 s. »

« Item, 2 setiers, moitié froment et avoine, pour le ga-
» gnage de Morcey, monte à la somme de 16 livres 10 s. »

« Item, 4 muids, 2 setiers, moitié froment et avoine,
» pour les dimes de Valentigny et Hampigny, et aussi la
» dime d'agneaux, le tout admodié sept vingt 6 livres par
» an. »

« Item, 4 setiers, moitié froment et avoine à Valentigny,
« la somme de 12 livres par an. »

« Item, 8 setiers, 8 boisseaux, moitié froment et avoine,
» pour la portion des dimes de Crépy, admodiés 28 livres
» par an. »

« Item, 4 muids, 4 setiers, moitié froment et avoine,
» pour les dimes de Chapelaines et 1 muid sur les vignes
» de Gigny, estimés sept vingt 10 livres. »

« Item, 3 setiers, 8 boisseaux pour la portion des dimes
» de Longeville estimées 10 livres par an. »

« Item, les menues dimes de Lassicourt, avec un pré à
» Saint-Christophe, 4 livres 5 s. par an. »

« Item, 6 setiers de froment, mesure de Boulancourt,
» que l'abbé promet fournir et livrer par dessus les 80
» muids dessus dits. »

« Item, la dépouille de 6 vingt fauchées de prés assis à
» Boulancourt, admodiée douze vingt-cinq livres 7 s. »

« Item, les prés du désert admodiés 40 livres. »

« Item, les prés du gagnage de Boutte-Fer, admodiés
» 40 livres tournois. »

« Item, les prés que tient Gaspard de Valentigny, admo-
» diés 27 livres. »

« Item, les prés que tient Pierre Defer de Villeret, ad-
» modiés 36 livres 10 s. »

« Item, le gagnage des Laires, tenu à vie pour le prix de
» 51 livres 18 s. 10 d. »

Item, le gagnage des Forges les Vassy, admodié 40 li-
» vres. »

« Item, la somme de 10 livres tournois que doit chacun
« an le seigneur de Piney sur sa terre dudit lieu. »

« Item, la justice de Boulancourt admodiée 16 livres. »

« Item, une portion de la rivière de Boulancourt admo-
» diée 20 livres 10 s. »

« Item, prés à Maizières admodiés une pièce 40 s., une
» autre pièce 30 s. par an. »

« Item, terres et prés à Chavanges, admodiés 30 livres. »

« Item, le droit des fours et chaussées de Valentigny,
» 51 livres. »

« Item, pour des terres à Hampigny 4 livres 6 s. »

« Item, à Beaufort et Villeret 15 s. de censives. »

« Item, 36 s. dus par les curés de Rance, Saint-Martin
» et Bétignicourt. »

« Item, 37 s. de censives à Rosnay. »

« Item, 45 s. tournois pour un pré à Lassicourt. »

« Item, pour les terrages de Joncreuil et Outines, 50 s.
» par an. »

« Item, 40 s. de censives au petit Doullevant. »

« Item, à Voille-Comte 10 s. de rente. »

« Item, à Vassy 47 s. 6 d. de rente sur une maison. »

« Item, pour les maisons de Troyes, non compris celle
» de l'abbé, 70 l. »

« Item, pour les prés de Breviande, 75 livres. »

« Cette présente admodiation faite pour neuf ans, moyen-
» nant le prix de 4500 livres payables de 4 mois en
» 4 mois, l'abbé a établi son domicile en l'hôtel des Car-
» reaux à Troyes, étant des appartenances de ladite abbaye.
» Seront tenus lesdits preneurs lui livrer 500 carpes sur les
» étangs par an, avec 50 brochets et 50 perches, et pourra
» en outre retenir au prix des marchands jusqu'à deux à
» trois cents de carpes. »

« Ce qui fut fait et passé le 17 janvier 1565, avant
» Pâques de 1566 (1). »

Cependant une ferme nouvelle, celle de Hurtebise, se
forme au XVIe siècle ; mais c'est par le démembrement de la
grange d'Arlette. Le 4 juillet 1514, Nicolle, abbé de Boulancourt, loue à Jean Baudot de Bar-sur-Aube « la terre
» de Hurtebise, comprenant environ 300 journels de terre
» pour trois vies d'hommes et 29 ans en suz. Le preneur
» aura la place appelée d'ancienneté cloz d'Arlette, et il
» sera tenu de bâtir là une maison et une grange à trois
» traiz avec des appendiz à côté, dans 6 ans ; il aura droit
» d'usage sur les biens du gagnage d'Arlette (2). »

Dans la première moitié de ce siècle, l'abbaye éteignit
une dette assez considérable. Nous trouvons cette quittance
du 27 avril 1540 délivrée par Cîteaux à Boulancourt :

---

(1) Cartul. no 690.
(2) Ibid. no 523.

« Nous, frère Libert de Vienne, prieur, et tout le couvent
» de Citeaux, confessons avoir reçu de M. l'abbé de Bou-
» lancourt la somme de 600 livres tournois à nous payés
» comptant en 180 écus d'or au soleil; 3 nobles à la rose
» (les 10 écus soulait pièce pour le prix de 45 sols tour-
» nois, les nobles à la rose pièce pour 106 sols tournois);
» 1 noble Henri (pour 4 livres, 12 sols tournois); 7 saluts
» d'or (pièce pour 45 sols 6 deniers tournois); 4 doubles
» ducats (pièce pour 4 livres 11 sols tournois); 1 franc à
» pied (pour 48 sols 6 deniers tournois), et le reste en
» monnaie blanche en tout renouant à ladite somme de 600
» livres pour le rachat de 30 livres tournois à nous dues
» par chacun an par l'abbaye de Boulancourt. De laquelle
» somme et de la rente annuelle nous quittons l'abbé de
» Boulancourt et son couvent perpétuellement. »

« Fait à Citeaux le 27 avril 1540 (1). »

On se rappelle les dépenses que l'abbaye avait faites en
1534 (II° part., ch. I, § V) pour réparer ses édifices en
ruines.

XVII° siècle.

Les procès, principalement entre les religieux et les abbés
commendataires, les ventes, les échanges continuent : c'est
l'objet de 171 pièces qui concernent cette époque.

Il est vrai qu'au commencement de ce siècle l'abbé de
Vienne racheta, non sans de grands frais et de nombreuses
procédures, une partie des biens aliénés au xvi° siècle et
rétablit la discipline monastique; mais le temporel va re-
tomber en décadence sous la désastreuse administration des
abbés commendataires.

D'après le pouillé de 1612, la taxe de Boulancourt pour
les décimes est de 216 livres; nous verrons qu'en 1663 elle

---

(1) Cartul. n° 591.

s'élèvera à 325 livres. Nos lecteurs n'ont pas oublié l'ordonnance du 29 octobre 1615 que nous rappelons seulement.

Donnons ici un état des revenus de l'abbaye, en argent et en grains, avec les charges, dressé en 1663 :

1° Revenu en argent, total 6792 l. 10 s.

2° Revenu en grain, total 163 septiers, moitié froment, moitié avoine.

Charges ou dépenses de l'abbaye :

1° En argent, 2812 livres ; aux religieux, 1136 l. 15 s. ; pour leur vin, 630 l. ; aux moines lais, 100 l. ; les décimes ordinaires, 325 l. ; une rente à Troyes, 547 l. 7 s. 5 d. ; les gages du juge, 12 l. ; du procureur fiscal, 10 l. ; du portier, 12 l. ; du forestier, 16 l. ; du couvreur, 36 l.

2° En nature, 28 septiers de froment pour le sreligieux, 7 septiers d'avoine, 90 cordes de bois, 3000 fagots, 4 fauchées de pré, 24 chapons, 100 carpes, 9 charrois de vin. — Aumône de la porte : 48 boisseaux de froment ; pour le Jeudi-Saint, 24 boisseaux de froment ; au portier, 34 boisseaux de froment ; au forestier, 16 boisseaux de froment ; au juge, 8 cordes de bois et 500 fagots ; au procureur fiscal, 4 cordes de bois et 400 fagots ; au couvreur, 2 cordes de bois et 100 fagots (1).

Vingt-neuf ans plus tard, l'administration temporelle de Boulancourt subit une transformation importante, et nous trouvons la déclaration des biens de l'abbaye faite le 29 avril 1692 d'après le prix de location, pour le partage de ces biens entre l'abbé, le prieur et les religieux :

Une ferme des Dames : 100 l., 7 septiers, moitié froment, moitié avoine ; 2 l. de cire, 4 chapons, 8 charrois de bois, dont un à Bar-sur-Aube.

La seconde : 143 l. 11 septiers, moitié froment et avoine,

_____

(1) Cartul. n° 1005.

25 l. pour les prés, 4 chapons, 2 l. de cire et les charrois.

La troisième : 143 l. 7 septiers de froment, 3 septiers d'avoine, 50 l. pour le clos Caillot, 30 l. pour 6 fauchées de pré, 2 livres de cire, 4 chapons et les charrois.

Le désert : 105 l. 14 septiers, moitié froment, 4 chapons, 2 livres de cire et les charrois.

Bouttefer : 270 l., 4 chapons, cire et charrois.

L'autre ferme : 27 septiers, moitié froment et avoine, 4 chapons, cire et charrois.

Froide-Fontaine : 19 septiers, 4 boisseaux, moitié froment, 4 chapons, cire et charrois.

La seconde : 30 l., 19 septiers, moitié froment, 3 chapons, cire et charrois.

L'autre petit gagnage : 50 l., 5 septiers, moitié froment, 4 chapons, cire et charrois.

La tuilerie : 72 l., 8 septiers, moitié froment, 4 chapons, cire et charrois.

La seconde : 72 l., 8 septiers, moitié froment, 4 chapons, cire et charrois.

La troisième : 80 l., 7 septiers,   id.

La Denize : 171 l., 16 septiers,   id.

La seconde : 155 l., 20 l. pour 4 septiers d'avoine, 8 septiers de froment, 4 septiers d'avoine, 4 chapons, 2 livres de cire et les charrois.

Le gros gagnage de Valentigny : 409 l., 6 chapons, cire et charrois.

Un gagnage à Hampigny : 150 l., 2 chapons, 2 livres de cire.

Un autre gagnage : 45 l., 2 chapons, 1 livre de cire.

Un autre gagnage : 25 l.,   id.

Un autre gagnage : 41 l.,   id.

Un autre gagnage : 20 l.,   id.

Un autre gagnage : 30 l.,   id.

Un autre gagnage : 30 l.,   id.

Un autre gagnage : 45 l., 2 chapons, 1 livre de cire.

Un autre gagnage : 32 l.,   id.

Un autre gagnage : 55 l.,   id.

Les dîmes de Valentigny et de Hampigny : 190 l.

Le gagnage du bois des Noues : 40 l., 2 chapons, 1 livre de cire.

Le second gagnage : 50 l.,   id.

Le troisième gagnage : 60 l.,   id.

Le quatrième gagnage : 50 l.,   id.

Le champ aux moines et 3 fauchées de prés : 40 l., 2 oies, 1 livre de cire.

Le gagnage de Perlemont, sis à Chavange, Villeret, Lentille : 200 l.

La Neuve-Grange, terres, prés, et 100 arpents de bois : 400 l.

Le gagnage de la Neuve-Ville : 15 l.

Le gagnage de Hurtebise, le moulin d'Arlette et les vignes d'Arsonval : 250 l.

La terre et seigneurie de Perthe-en-Rothière : 430 l.

Pel-et-Der, terres et prés : 250 l.

Le moulin devant l'abbaye : 330 l.

Le moulin de la Sugie : 120 l.

Les dîmes de Crépy : 35 l.

Les dîmes de Chapelaines : 162 l., 2 chapons, 2 lapins, 1 livre de cire.

Les menues dîmes de Lassicourt : 36 l. et 2 lapins.

Les jardins et enclos de l'abbaye : 45 l.

Les onze étangs de la maison : 600 l.

Une maison à Troyes et les prés de Sainte-Maure : 150 l.

Le gagnage d'Yèvres : 18 l.

Les prés des Brise-Jambes : 140 l.

Un canton de prés contenant 20 fauchées, plus un autre canton de 19 fauchées, près du moulin neuf et de le vieille rivière, 20 fauchées à la réserve.

Le bois d'Autel contient 66 arpents ;

Le bois d'Epothémont, 66 arpents ;

Le bois Renaud, 41 arpents, 59 perches ;

Les Vieilles-Ventes, 40 arpents et demi ;

Le bois des Dames avec la réserve, 77 arpents ;

Le bois Prieur, 19 arpents, 90 perches ;

Le bois des Ponts-Verts, non mesuré, réservé 100 arpents à la ferme.

Fait cejourd'hui, ce 29 avril 1692 (1).

Le même jour, tous ces revenus furent divisés en 3 lots : le prieur en prit un au nom de l'abbaye ; ce lot fut appelé la *Mense conventuelle;* l'abbé en prit un autre, qui s'appela le *lot de M. l'abbé ;* il prit aussi le troisième appelé le *tiers lot,* mais avec obligation de supporter toutes les charges de l'abbaye, telles qu'elles seront réglées par arbitres choisis par les parties. Le tout sera homologué au Parlement, agréé par l'évêque de Troyes et l'abbé de Clairvaux.

Cette transaction, approuvée par les susdits, fut homologuée au Parlement le 8 août 1692 (2). Le partage, dont nous venons de parler, était conforme à la législation alors en vigueur relativement aux abbayes en commende.

Parmi les biens énumérés plus haut, la mense conventuelle était formée par 4 fermes : Pel-et-Der, Morancourt, Bouttefer, la Tuilerie ; par plusieurs gagnages : le Gros-Gagnage, Laffertay, le bois des Noues, la Neuville ; et enfin par les dîmes de Chapelaines et de Lassicourt. Le reste appartenait à l'abbé qui, entre autres charges, était tenu à toutes les réparations de la maison conventuelle et de l'église, ainsi que des églises de Hampigny, Valentigny, Crépy, Longeville, de l'abbatiale et de la maison du Petit Boulancourt, à Troyes, et à fournir les grains dûs pour l'aumône, montant à 75 boisseaux, ancienne mesure de Troyes.

---

(1) Cartul. n° 1006.
(2) Ibid. n° 1006 bis.

XVIII⁺ siècle.

Les 41 pièces de notre cartulaire, appartenant au xviii⁺ siècle, offrent peu d'intérêt. On sent que la vie spirituelle et temporelle de l'abbaye s'éteint; elle touche à sa fin, et déjà on croit entendre les pas des révolutionnaires qui viennent en fermer les portes.

Nous trouvons, le 28 juillet 1701, le bail général des revenus de la mense abbatiale pour 9 ans, moyennant 4,950 liv.; mais l'abbé fait de nombreuses réserves : les onze étangs, l'abbatiale et ses bâtiments de dépendance avec le colombier et le jardin (1).

Le pouillé de 1754 porte le revenu de l'abbé à 5813 l.; revenu net, 3,623 l.

D'après le pouillé de 1761, le revenu de la mense abbatiale est de 10,000 l.; revenu net, 6,000 l.— Le revenu de la mense conventuelle est de 9,000 l.; revenu net, 3,200 l.; les religieux sont au nombre de six (2).

On trouve aux archives de la Haute-Marne le compte général de l'abbaye pour l'année 1789. La recette totale monte à 14,643 l. 8 s. 9 d., et la dépense à 14,617 l. 8 s. 3 d. Ce compte est arrêté par le maire et les officiers municipaux de Longeville, le 14 mars 1790 (3).

On comprend qu'à cette époque la fortune de l'abbaye avait subi une diminution considérable. Les documents que nous venons de donner le prouvent assez haut. Rappelons de plus, pour éclaircir cette question, qu'il faut : 1° distinguer avec soin la valeur intrinsèque de l'argent de sa valeur réelle. Nous renvoyons pour ces matières aux tables contenues dans les *Ordonnances des Rois de France* et à l'*Essai sur l'appréciation de la Fortune privée au Moyen-*

---

(1) Cartul. nº 1024.
(2) Secrétariat de l'Evêché.
(3) F. Boulancourt.

Age, par M. Leber. Au xiv° et au xv° siècle, la valeur intrinsèque des monnaies fut dépréciée ; toutefois, du xiii° s.
à l'an 1525 environ, le pouvoir de l'argent resta sextuple de
ce qu'il est aujourd'hui. Au xvi° siècle eut lieu la grande
révolution financière produite par l'énorme dépréciation des
valeurs monétaires; en sorte que, de 1575 à la fin du
xviii° siècle, le pouvoir de l'argent est seulement double de
ce qu'il est aujourd'hui. —2° Les décimes, à part quelques
taxes exceptionnelles, diminuent progressivement comme
les revenus (quoique la proportion ne soit pas la même) de
la fin du xiii° siècle jusque vers la fin du xv°. Du xvi° siècle
à la fin du xviii°, les revenus continuent à diminuer, tandis
que la taxe des décimes augmente. L'estimation officielle du
revenu, qui paraît ne pas monter à plus de deux tiers environ du revenu réel pendant la période du xiii° au xv° siècle,
atteint progressivement, à partir du xvi° siècle, le chiffre du
revenu réel.

Tels furent, la formation, les développements et la décadence de la propriété de Boulancourt du xi° siècle à la fin
du xviii°. Nous avons donné, dans l'exposé historique con-
tenu dans cette seconde partie de notre travail, une analyse
fidèle des documents du cartulaire de Boulancourt.

TROISIÈME PARTIE

—

OBITUAIRE DE BOULANCOURT [1]

La maison est chargée de douze messes basses par an qui doivent s'acquitter, dans la chapelle de Saint-Georges de la grange neuve de Morancourt, pour les seigneurs de Joinville, fondateurs de cette grange, le 1er jour libre de chaque mois, et d'une, le jour de la fête de Saint-Georges, que le curé de Morancourt acquittait en y allant en procession. Mais la chapelle ayant été profanée en 1698 par des ouvriers qui y couchaient, et les réparations n'ayant pas été faites, l'amodiateur est chargé de faire acquitter les messes et d'en rapporter quittance.

Tous les jours à la messe *pro defunctis*, on doit chanter l'oraison : *Omnipotens sempiterne Deus...* pour le comte de Champagne Thibaut III (par acte de Blanche de Champagne de l'an 1202, novembre).

Une messe basse doit être dite, chaque jour, à la chapelle des saints apôtres Pierre et Paul, et une messe solennelle, au grand autel, pour le repos de l'âme de Guitère, abbé de Montiérender, mort le 14 novembre, jeudi après Saint-Martin. — (Par acte du 2 novembre 1347).

Janvier.

19. Anniversaire de dame Eméline de Thil.

20. Anniversaire de M° Nicolas de Vienne, seigneur du

---

(1) Cartul. fol. III.

Pont-Saint-Vincent, et de dame Marie de Norroy sa femme, et de Nicolas, seigneur de Pont-Saint-Vincent, leur fils, et de dame Isabelle Blenuod, sa femme, et de leurs ancêtres (par acte 1470, 29 janvier).

23. Anniversaire de Messire Aubry, chevalier de Beaufort (an 1215, Cartul. n° 175).

— Le lundi après la Saint-Vincent, anniversaire de Mre Gauthier, seigneur de Villemabu, enterré dans le sanctuaire, du côté de l'Epître (par acte du mois de janvier 1283).

30. Anniversaire solennel de Henri, évêque de Troyes, de pieuse mémoire, qui donna Boulancourt à saint Bernard, l'an 1152. — Il est inhumé dans le sanctuaire, du côté de l'Evangile, dans un tombeau élevé en manière d'autel, avec Matthieu, son successeur, et Martin, 1er abbé de l'ordre de Cîteaux, établi par lui. — Le pieux prélat mourut en 1169.

31. Anniversaire de A. Territani, archevêque de Palerme.

— Chaque mercredi des IV Temps de l'année, anniversaire solennel de Mre Pierre de Soulaines, chevalier, fondé par dame Jeanne de Lavau, sa veuve, le 7 février 1448.

Février.

12. Anniversaire de maître Adam, sous-chantre de l'église de Paris.

25. Anniversaire de Mathieu, trésorier de l'église de Rheims, auquel on joint celui de dame Agnès de Chaumesnil et de Gilbert, son fils.

28. Anniversaire de T., archevêque de Cantorbéry.

Mars.

1. Anniversaire de Mre Ythier, chevalier de Fontenay, et de dame Marguerite de Baudement, son épouse, à l'autel Saint-Jean-Baptiste, qu'il avait fondé dans le collatéral de l'église, et qui sert maintenant de sacristie (par acte de 1339, mars).
6. Anniversaire de Simon le Flamand.
— Le mercredi après les brandons, anniversaire solennel pour Mre Jacques d'Anglure, seigneur de Longeville et ses aïeux et tous les seigneurs de Longeville (par acte du 23 septembre 1528).

Avril.

6. Anniversaire de Mathieu, chancelier de Sicile.
8. Anniversaire de dame Eméline, dame du pré Béliart.

Mai.

7. Anniversaire de Thibaut de Valentigny.
25. Anniversaire de Thibaut III, comte de Champagne, de pieuse mémoire (par acte de Blanche de Champagne de l'an 1202, novembre).
27. Anniversaire de dame Antoinette de Vitry (qui demanda par son testament de l'an 1552 que son nom fût inscrit sur l'obituaire).

Juin.

7. Anniversaire de Hillin de Fallemagne, archevêque de Trèves (1152-1159).
15. Anniversaire d'Etienne le Charpentier.
30. Anniversaire de Mre Leroyer, chevalier de Beaufort et de dame Marie, son épouse (par acte de 1367).

Juillet.

14. Anniversaire de Philippe II, Auguste, roi de France,
de glorieuse mémoire.
28. Anniversaire de Guillaume, évêque de Grenoble.

Août.

9. Anniversaire de Thibaut, comte de Champagne, et de
tous les comtes et comtesses; tous les prêtres doivent dire la messe, et les non-prêtres doivent réciter
50 psaumes.
26. Anniversaire solennel des seigneurs de Chandron (qui
ont leur sépulture dans le chapitre et dans l'aile du
cloître, au levant).

Septembre.

19. Une messe pour Jacques Clerget et Marguerite, son
épouse, de Voille-Comte (par acte du 19 septembre
1528).
20. Anniversaire de Louis-le-Pieux, roi de France.
28. Anniversaire de Mathieu, évêque de Troyes, de pieuse
mémoire, mort en 1180 (il est inhumé avec Henri,
son prédécesseur, dans le même tombeau).

Octobre.

6. Anniversaire de Ildefonse, roi de Castille, de glorieuse
mémoire.
20. Anniversaire d'Erard, comte de Brienne, et de tous
les seigneurs ses aïeux et successeurs.

Novembre.

12. Anniversaire solennel de M° Jean de Laffertey et
de Pierre, son oncle (par acte de 1300).

18. Anniversaire de Gilbert, prêtre-curé de Sommevoire.

24. Anniversaire solennel pour M⁰ Hugues, comte de Rhétel, et dame Félicité de Beaufort, son épouse, et
pour tous les seigneurs et dames de Beaufort, fondateurs de Boulancourt. Les prêtres doivent dire la
messe, et les non-prêtres, réciter 50 psaumes.
(Hugues II, comte de Rhétel, est inhumé avec Félicité dans une chapelle de l'abbaye d'Elan, de
l'ordre de Cîteaux, au diocèse de Rheims. — Il
fonda son anniversaire à Boulancourt, l'an 1228.)

Décembre.

1. Anniversaire de dame Huguette *de Duabus* qui mourut
le jour de Saint-André, après midi, l'an 1309. (Elle
est inhumée dans la chapelle de la Passion ; elle a
donné pour son anniversaire un beau calice.)

13. Anniversaire de Frère Raoul de Longpont.

23. Anniversaire solennel pour dame Bérangère de Castille,
reine d'Angleterre, et dame Blanche, sa sœur,
comtesse de Champagne (filles de Sanche VI, dit le
Sage, roi de Navarre).

30. Anniversaire solennel pour les seigneurs de Villehardouin (1).

---

(1) En 1219, mai, Erard de Villehardouin avait donné à la Maison-
Dieu du Chêne, près Arcis-sur-Aube, 6 setiers de grain (2 froment,
4 avoine), à prendre sur les moulins de Saint-Hutin, près Margerie
(Marne), pour les anniversaires de sa mère Kanne, de son père Geoffroi, le célèbre historien, de son frère Geofroi, et de Mabile, son
épouse (Cartul. n° 198. Ce don fut cédé, le 2 août 1240, par Jean,
prieur du Chêne, à Boulancourt, avec l'agrément de Guillaume, maréchal de Champagne, à la charge d'acquitter les anniversaires (Cartul. n° 350).

Nous terminons notre tâche. Cette étude est trop courte pour les matières qui en sont l'objet, quoique peut-être elle paraisse longue au lecteur. Nous avions l'intention d'utiliser les documents de notre cartulaire, en établissant, en complétant, ou en rectifiant, dans un appendice, les généalogies de plusieurs maisons qui ont illustré, à un rang secondaire, nos contrées, dans le cours du Moyen-Age; nous nous proposions aussi de compléter les catalogues des baillis de Troyes, de Chaumont et de Vitry; mais nous avons craint d'être entraîné trop loin.

ERRATA

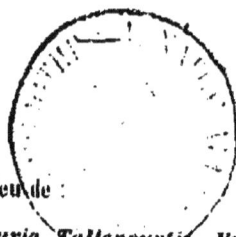

Au lieu de :	Lisez :
Page 11, note 12. *Callencuria, Fallencurtis*	*Vallencuria, Vallencurtis*
— 30, dern. lig., *se divisent*	*se divisaient*
— 41, lig. 5, *moisson*	*moison*
— 51, lig. 4, *Balthélemi*	*Barthélemi*
— 61, lig. 4, *ses*	*ces*
— 61, lig. 18, *partage*	*portage*
— 67, lig. 5, *ricomte*	*comte*
70, dern. lig., *pour a*	*pour ce*
77, lig. 12, *la même*	*la mense*
79, lig. 9, *les suppléants*	*les suppliants*
ibid., lig. 23, *A tous ceux*	« *A tous ceux...*

TABLE

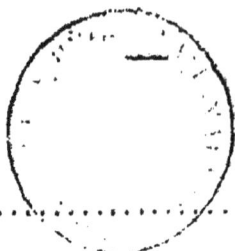

Pages.

AVANT-PROPOS.. 5

PREMIÈRE PARTIE. — Le Cartulaire.

§ I.   Ce qu'il est 7
§ II. Son importance 8
§ III. Ses sources 8
§ IV. Plan d'après lequel il a été rédigé 10
§ V.   Son autorité 11
§ VI. Le fonds de Boulancourt aux Archives de la Haute-
       Marne 11

DEUXIÈME PARTIE. — Documents du Cartulaire.

CHAPITRE Ier. — L'ABBAYE.

§ I.   Nom de l'Abbaye 13
§ II. Emplacement 14
§ III. Fondation 15
§ IV. Principaux fondateurs et bienfaiteurs 21
§ V.   Coup d'œil historique 25

CHAPITRE II. — RÉGIME INTÉRIEUR.

§ I.   Abbés; succession chronologique 31
§ II. Officiers monastiques; costume, nourriture 42

CHAPITRE III. — BIENS DE L'ABBAYE.

§ I.   Nature de ces biens 46
§ II. Topographie 50

§ III. Formation, développement, décadence de la propriété
    de l'Abbaye 51

       xie, xiie siècle. 51

       xiiie siècle. 56

       xive siècle. 65

       xve siècle 70

       xvie siècle. 72

       xviie siècle 84

       xviiie siècle. 89

    TROISIÈME PARTIE. — Obituaire 91

Conclusion 96

Errata 97

Extrait des Mémoires de la Société Académique de l'Aube

Tome XXXIII, 1869.

IMPRIMERIE DUFOUR-BOUQUOT

TROYES.